中国改革调查报告 2017

—— 改革民意与社会治理

李振京　胡杰成　等著

中国财经出版传媒集团
中国财政经济出版社

图书在版编目（CIP）数据

中国改革调查报告2017：改革民意与社会治理/李振京等著.—北京：中国财政经济出版社，2017.12

ISBN 978-7-5095-7878-0

Ⅰ.①中… Ⅱ.①李… Ⅲ.①改革开放-研究报告-中国-2017 Ⅳ.①D61

中国版本图书馆CIP数据核字（2017）第28874号

责任编辑：郁东敏　　　　　　　　责任校对：刘　靖
封面设计：中通世奥

中国财政经济出版社 出版

URL：http://www.cfeph.cn

E-mail：cfeph@cfeph.cn

（版权所有　翻印必究）

社址：北京市海淀区阜成路甲28号　邮政编码：100142
营销中心电话：88190406　北京财经书店电话：64033436　84041336
北京财经印刷厂印刷　各地新华书店经销
787×1092毫米　16开　13.5印张　200 000字
2017年12月第1版　2017年12月北京第1次印刷
定价：38.00元
ISBN 978-7-5095-7878-0
（图书出现印装问题，本社负责调换）
本社质量投诉电话：010-88190744
打击盗版举报热线：010-88190414　QQ：447268889

国家发展和改革委员会经济体制与管理研究所社会调查课题组

课题组长：

银温泉　　国家发展和改革委员会经济体制与管理研究所所长、党委书记，研究员、博士

执行组长：

李振京　　国家发展和改革委员会经济体制与管理研究所副所长，研究员、博士

李建新　　国家发展和改革委员会经济体制与管理研究所社会调查研究室主任，高级工程师

课题组主要成员：

胡杰成　　国家发展和改革委员会经济体制与管理研究所社会调查研究室副主任，副研究员、博士

赵春飞　　国家发展和改革委员会经济体制与管理研究所社会调查研究室助理研究员

祝岩松　　国家发展和改革委员会经济体制与管理研究所助理研究员

赵　雷　　国家发展和改革委员会经济体制与管理研究所助理研究员

前 言

习近平总书记指出："调查研究是谋事之基、成事之道。没有调查，就没有发言权，更没有决策权。"全面深化改革不能刻舟求剑，也不能闭门造车，必须加强全面深入的调查研究。中央深改组反复强调调查研究的重要性。如2017年首次中央深改组会议即总的第三十二次会议要求，必须把调研贯穿改革全过程，做到重要情况、矛盾问题、群众期盼心中有数，对改革举措成效如何，要刨根问底，掌握实情。

国家发展和改革委员会经济体制与管理研究室社会调查课题组连续多年进行改革问题调查研究，反映改革推进情况，为深化改革提供依据，建言献策。本书主要呈现了课题组2016年调研成果，同时汇集了往年的少数相关成果，共13篇调研报告，包括改革民意调查研究和社会治理问题调查研究两大部分。在调查方法上，既采取了大规模问卷调查的方法，也进行了一些典型案例调查。

改革民意调查研究部分是课题组往年研究的延续，基于2016年全国32个城市、120个街道（镇）、264个社区的共3 165份调查问卷的数据，对城镇居民的改革评价与诉求进行了描述和分析，包括1篇主要结论报告和6篇专题报告。研究发现，城镇居民充分肯定全面深化改革的进展，尤为认可户籍制度、行政体制等改革成效，总体肯定政府工作表现，对基本公共服务的总体满意度有所上升。同时，居民希望加大力度深化垄断行业、收入分配等方面改革；并期待政府进一步推进廉洁自律、政务公开，加强市场监管，提高办事效率，重点完善社会服务、住房保障等基本公共服务，保障食品药品安全、改善生态环境等。

社会治理问题调查研究部分包括6篇报告，涉及精准扶贫与脱贫攻坚、人口老龄化与养老服务、社会组织承接政府购买社会服务、藏区治理等论题。刚刚召开的党的十九大要求，提高保障和改善民生水平，加强和创新社会治理。课题组围绕以上论题，对一些地区进行了典型案例调查，如广西、贵州的脱贫攻坚，青岛的养老服务等，总结它们的主要做法和成功经验，分析存在的问题，以点带面提出了相关建议；同时，配合进行了面上的问卷调查。

扎实的调查研究是一项艰苦而复杂的工作。本课题研究的完成离不开大量居民受访者、社区工作者的热情支持，还得到了诸多单位及领导、基层干部、同事等的长期关心和大力帮助。中国政法大学社会学院50多位师生为问卷调查付出了艰辛劳动，一如既往地认真负责，高效地完成了调查任务。本研究所兰金友、武怀林、赵栩、陈磊等同志参与了实地调查。课题组在此一并表示衷心感谢，希望课题成果没有辜负他们的厚爱。由于我们的水平有限，课题研究的不足敬请各方不吝赐教。

国家发展和改革委员会经济体制与管理研究所社会调查课题组
2017年10月

目　录

第一部分　改革民意调查报告

第一篇　坚定不移全面深化改革　确保如期全面建成小康社会
　　——2016年改革民意问卷调查研究主要结论 …………（ 3 ）

第二篇　坚持以人民为中心　提高改革满意度信心度
　　——2016年改革民意问卷调查研究专题报告一 …………（ 34 ）

第三篇　着力补好制度短板　加快转变政府职能
　　——2016年改革民意问卷调查研究专题报告二 …………（ 46 ）

第四篇　精准把握群众需求　切实增加公共服务供给
　　——2016年改革民意问卷调查研究专题报告三 …………（ 62 ）

第五篇　营造良好"双创"生态　促进创新驱动转型
　　——2016年改革民意问卷调查研究专题报告四 …………（ 90 ）

第六篇　直面经济社会问题　提高风险应对能力
　　——2016年改革民意问卷调查研究专题报告五 …………（ 102 ）

第七篇　围绕突出民生问题　加强社会政策托底
　　——2016年改革民意问卷调查研究专题报告六 …………（ 117 ）

第二部分　社会治理问题调查报告

第八篇　精准扶贫何以精准？
　　——广西脱贫攻坚推进情况调研报告……………………（129）

第九篇　力推"大扶贫"　决战"最贫困"
　　——贵州脱贫攻坚推进情况调研报告……………………（140）

第十篇　我国城镇社区养老服务情况调查研究
　　——以全国32个城市264份社区问卷为基础 ……………（152）

第十一篇　以改革创新应对人口老龄化挑战
　　——青岛市养老服务发展状况调研报告…………………（167）

第十二篇　社会组织承接政府购买社会服务的实践探索
　　——广州市"家庭综合服务中心"调查报告 …………（179）

第十三篇　藏区治理的政策实践及效果
　　——以四川甘孜藏族自治州为例…………………………（195）

第一部分

改革民意调查报告

第一篇
坚定不移全面深化改革
确保如期全面建成小康社会*

——2016年改革民意问卷调查研究主要结论

2016年,本课题组继续对我国城镇居民改革民意状况进行跟踪调查。进入新时期新阶段,改革民意调查研究的重要意义日益凸显。习近平总书记强调,"把以人民为中心的发展思想体现在经济社会发展各个环节","把是否促进经济社会发展、是否给人民群众带来实实在在的获得感,作为改革成效的评价标准"。这要求我们客观、深入地把握人民群众对全面深化改革的评价、看法与诉求,以此来评判改革是否突出了重点、击中了要害,各项改革措施成效如何,改革推进的短板和不足在哪里,在此基础上提出完善之策。目前我国正处于全面建成小康社会决胜阶段,确保如期实现目标的时间紧、任务重,面临的国内外发展环境更为错综复杂,这更要求加强对形势包括改革民意的及时研判,既看到成绩和机遇,也发现不足和挑战,做最充分的准备,争取最好的结果。

本篇报告将先简要说明2016年城镇居民改革民意调查的方法与样本情况;然后分几个部分概要性介绍此次调查的主要发现,包括受访者的改革满意度与信心度、对深化政府改革的评价与期待、对公共服务的评价与需求、对一些经济社会问题的态度、对个人家庭问题的感受等,同时与往年调查中

---

* 执笔人:胡杰成等。

的相同指标进行纵贯比较①；最后总结得出研究结论，提出相关对策建议。

要　点

◇ 受访者充分肯定全面深化改革的总体进展，尤为认可户籍制度、行政体制等改革的成效，但认为垄断行业、收入分配等改革还需加力。

◇ 近两年来，受访者对政府在依法办事、环境保护、廉洁自律等方面的表现满意度明显上升；为实现建设法治政府和服务型政府的目标，对廉洁自律、办事效率、政务公开的满意度还需进一步提升。

◇ 受访者迫切希望政府加强市场监管，重点包括打击假冒伪劣商品、防止垄断和不正当竞争、完善互联网交易监管和股市监管、保障食品药品安全等。

◇ 近两年来，受访者对基本公共服务的总体满意度有所上升；对人口和计划生育服务、基本公共教育的满意度一直较高，对基本社会服务、基本住房保障的满意度一直偏低。

◇ 在消费需求方面，预计未来五年上升幅度最大的是子女教育需求，其次是赡养老人，再次是医疗健康，然后是旅游、购房或租房。

◇ 大众创业、万众创新的社会基础不断夯实，但仍然面临融资难、融资贵等障碍。

◇ 受访者目前最担心的社会问题是食品药品不安全，其次是环境污染、房价过高，再次是贫富差距扩大和社会风气败坏。

◇ 低收入人群高度期待加强基本民生保障，高收入人群、特超大城市人群对公共服务的需求层次高。

一、调查方法与样本

2016年问卷调查的对象为我国城镇常住居民。调查基于全国"六普"

---

① 本篇报告中未特殊说明均为2016年数据。

数据及相关资料，通过"城市——街道（镇）——社区——居民户——受访者"五级概率抽样，在全国 32 个城市的 120 个街道（镇）、264 个社区，共抽取 3 168 位 18～64 周岁的受访者，由 40 多位专门调查员进行入户面访。入户工作于当年 7～8 月实施。为保证数据质量，本课题组在抽样、调查员培训、入户、问卷复核与回访、数据录入等环节都进行了严格的过程控制。整项调查更为具体的方法、流程与本课题组往年调查相同，不再赘述。

32 个调查城市包括：（1）东部地区：特超大城市——北京、广州、沈阳；大城市——福州、东莞、青岛、潍坊、莆田、台州；中小城市——廉江、滕州、义乌、聊城、辽阳、肇庆、龙岩、遵化。（2）中部地区：特超大城市——武汉、哈尔滨；大城市——合肥、洛阳；中小城市——济源、淮北、四平、宜都。（3）西部地区：特超大城市——重庆、西安；大城市——贵阳；中小城市——玉林、达州、固原、鄂尔多斯。其中东部 17 个、中部 8 个、西部 7 个，特超大城市 7 个、大城市 9 个、中小城市 16 个。

最终确定回收有效问卷 3 165 份，有效率 99.9%。数据用 SPSS19 进行分析。样本基本情况为：18～25 岁的占 9.2%，26～35 岁的占 21.7%，36～45 岁的占 22.7%，46～55 岁的占 26.3%，56～64 岁的占 20.1%；国家干部占 4.4%，个体私营经营者占 15.9%，经理人员占 3.9%，专业技术人员占 8.1%，工人占 17.7%，办事人员占 7.6%，无业失业半失业人员占 21.1%[①]，学生占 4.1%，退休人员占 17.1%；初中及以下文化程度占 29.2%，高中或中专占 33.0%，大专占 18.8%，本科及以上 19.1%；个人月收入 500 元及以下的占 15.4%，501～1000 元的占 9.0%，1001～3000 元的占 39.4%，3001～5000 元的占 23.6%，5001 元及以上的占 12.6%；城镇户口占 81.1%；本地户口占 90.0%。

---

① 无业失业半失业人员包括无业或失业人员、操持家务、无固定职业者（如零散工、流动商贩等）等，不同于一般的失业概念。

二、改革满意度与信心度

（一）总的来看，受访者高度肯定我国改革进展，80%的人认为近两年来改革进展很大或较大

调查显示（见图1-1），46.4%的受访者认为近两年来我国改革"进展很大"，33.3%的受访者认为改革"进展较大"，二者之和接近80%；认为改革"进展很小"或"进展较小"的受访者分别仅占1.2%、1.1%，合计仅占2.3%。

为了总体衡量受访者对改革进展的评价，将"进展很大""进展较大""进展一般""进展较小""进展很小"分别赋值为5分、4分、3分、2分、1分，无法选择项不参与赋值。① 分析表明，受访者对改革进展的评价平均分高达4.26分。

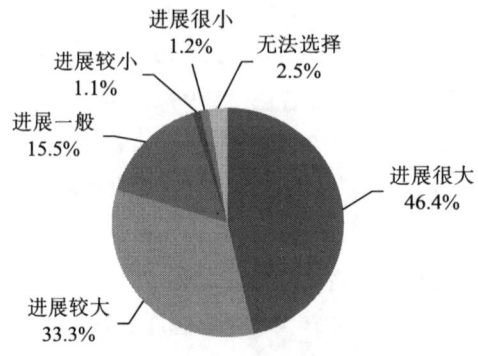

图1-1 受访者对改革进展的评价情况

---

① 本书第一部分中其他的满意度、信心度、担心度、承受力等都采用同样的赋值方法，取值区间均为1~5分，不另行说明。

(二）分领域看，受访者对户籍制度、行政体制改革的满意度相对较高，对垄断行业、收入分配改革的满意度有待提升

调查显示，在问卷所列 12 个领域的改革中，受访者对户籍制度改革成效表示满意①的人数比例最高，达到 65.8%；其次是行政体制改革，比例为 60.1%。受访者对垄断行业改革成效表示满意的人数比例最低，仅为 24.7%；次低为收入分配改革，为 29.3%。

就满意度得分来看（见图 1-2），受访者对户籍制度改革成效的满意度平均分最高，达到 3.86 分；其次为行政体制改革，也达 3.83 分。垄断行业改革最低，仅为 2.93 分，低于"一般"水平；次低为收入分配改革，为 3.01 分。

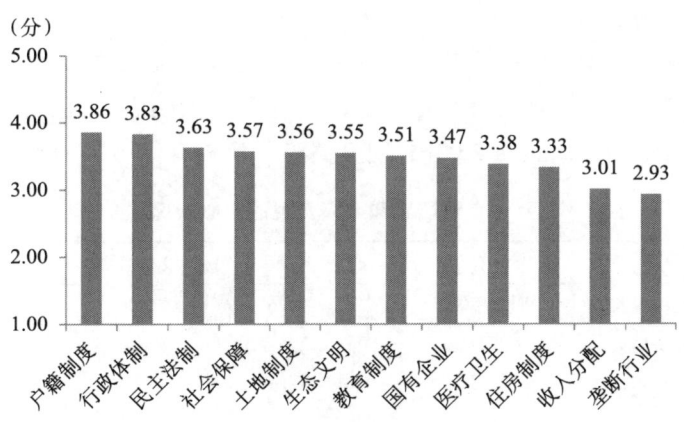

图 1-2 受访者对不同领域改革成效的满意度

(三）对垄断行业改革满意度最低的是高收入人群、特超大城市人群，对收入分配改革满意度最低的是低收入人群、特超大城市人群

分析表明，对于垄断行业改革成效，个人收入越高满意度越低；特超

---

① 满意 = 非常满意 + 比较满意。下同。

大城市人群的满意度低于大城市人群和中小城市人群。

对于收入分配改革成效,退休人员的满意度低于其他职业人群;个人收入越低满意度越低,家庭人均收入越低满意度也越低;特超大城市人群的满意度低于大城市人群和中小城市人群;中西部人群的满意度低于东部人群。

(四)受访者对国家未来经济增长、社会发展、政治稳定的信心度都较高,其中对政治稳定的信心度最高

调查显示(见表1-1),85.6%的受访者对国家政治稳定有信心,83.8%的受访者对社会发展有信心,80.8%受访者对经济增长有信心。分析表明,受访者对国家政治稳定、社会发展、经济增长的信心度平均分都较高,分别达到4.31分、4.24分、4.18分。

将国家经济增长、社会发展、政治稳定三项信心度指标取算术平均,作为对国家发展稳定的总体信心度,统计显示,受访者对国家发展稳定的总体信心度平均分高达4.25分,明显高于"比较有信心"的水平。

表1-1　　　　受访者对国家和个人发展的信心状况　　　　(单位:%)

	有信心	一般	没有信心	无法选择
国家经济增长	80.8	14.6	2.8	1.8
国家社会发展	83.8	13.3	2.0	0.9
国家政治稳定	85.6	11.3	1.7	1.5
家庭生活	76.1	21.1	2.4	0.4
个人发展	59.6	32.6	5.1	2.6

注:有信心=非常有信心+比较有信心;没有信心=不太有信心+很没有信心。

(五)3/4的受访者对家庭生活有信心,六成受访者对个人发展有信心;受访者对个人发展的信心度低于对国家发展稳定的信心度

调查显示(见表1-1),与对国家经济、社会、政治发展稳定的信心相比,受访者对家庭生活表示有信心的人数比例略低,为76.1%;对个人发展有信心的比例更低,为59.6%。

从信心度得分来看,受访者对家庭生活的信心度平均分为 4.11 分;对个人发展的信心度平均分为 3.80 分,明显低于对国家发展稳定、家庭生活的信心度。

三、对深化政府改革的评价与期待

(一)近两年来,受访者对政府在依法办事、环境保护、廉洁自律等方面的表现满意度明显上升;为实现建设法治政府和服务型政府的目标,对廉洁自律、办事效率、政务公开的满意度还需进一步提升

2016 年数据显示,受访者对政府工作表现的总体满意度平均分为 3.41 分,在 1～5 分取值区间中偏向肯定一端,说明受访者总体肯定政府工作。分析 2016 年、2015 年调查数据可以发现(见表 1－2),受访者对政府在城市建设、经济发展、决策能力方面的表现满意度连续两年在全部指标中处于较高水平;对政府廉洁自律、办事效率、政务公开的满意度则连续两年处于较低水平,与建设法治政府和服务型政府的目标还存在明显差距。

表 1－2　　　受访者对政府工作的满意度年度比较　　　　(单位:分)

指标	2015 年	2016 年
群众观念	3.50	3.48
决策能力	3.53	3.52
办事效率	3.11	3.20
依法办事	3.23	3.36
经济发展	3.54	3.55
城市建设	3.65	3.66
民生改善	3.40	3.46
环境保护	3.22	3.35
政务公开	3.17	3.28
廉洁自律	2.97	3.16

纵向比较来看，也发生了不少积极变化。2016年廉洁自律、办事效率、政务公开指标得分分别比2015年高0.19分、0.09分、0.11分。2016年依法办事、环境保护指标得分分别为3.36分、3.35分，均比2015年高0.13分。

（二）受访者对政府发挥市场监管职能状况的总体满意度有待提高，最不满意的是打击假冒伪劣商品、防止垄断和不正当竞争的状况，较不满意的是互联网交易监管、保障食品药品安全、股市监管的状况

受访者对政府发挥市场监管职能状况的总体满意度得分为3.25分。分不同方面看，受访者满意度最低的是打击假冒伪劣商品、防止垄断和不正当竞争，得分分别仅为3.00分、3.02分；满意度较低的是对互联网交易的监管、保障食品药品安全、对股票市场的监管，分别为3.07分、3.09分、3.11分；满意度较高的是打击非法集资、金融诈骗，为3.63分（见图1-3）。

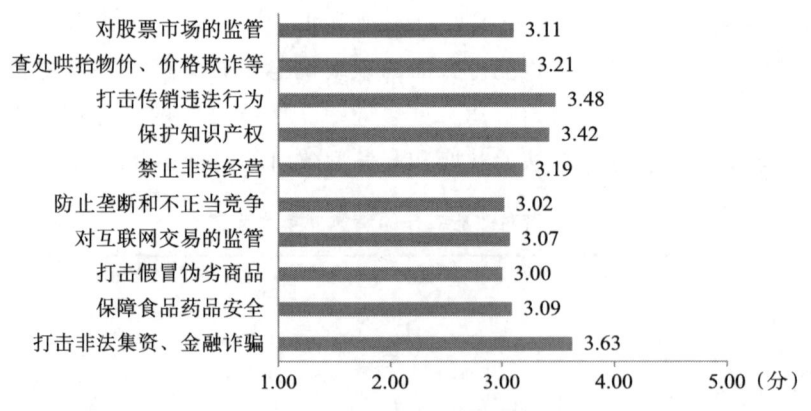

图1-3 受访者对政府发挥市场监管职能状况的满意度

（三）分不同人群看，对政府发挥市场监管职能状况较不满意的是专业技术人员、高收入人群、高文化程度人群等

分析表明，城镇居民对政府发挥市场监管职能状况的总体满意度受职业、文化程度、个人月收入等变量的显著影响。分职业看，总体满意度相对

较高的是学生和无业失业半失业人员,得分分别为3.39分、3.37分;最低的是专业技术人员,为3.03分;较低的是国家干部、经理人员,分别为3.09分、3.10分。分文化程度看,呈现出文化程度越高总体满意度越低的趋势,小学及以下人群得分为3.45分,本科及以上人群为3.10分。分个人月收入看,5 001元及以上人群的总体满意度相对较低,得分为3.09分。

(四)消费者权益受侵害问题普遍存在;受访者认为,目前消费者维权的主要困难在于投诉无门、监管严重缺位,维权程序复杂、效率低,相关法律法规不完善

过去一年中,62.3%的受访者遇到过侵犯自身消费者权益的事情(如虚假宣传、假冒伪劣商品、价格欺诈、霸王条款、侵犯个人信息等);16.3%的人遇到过3次及以上。

关于消费者维权面临的最大困难,28.9%的人回答是"投诉无门、监管严重缺位",25.8%的人回答是"维权程序复杂、效率低",22.0%的人回答是"相关法律法规不完善",这三项合计占76.8%(见图1-4),本质上都属于消费者维权的制度化渠道不畅通、政府监管不健全问题。

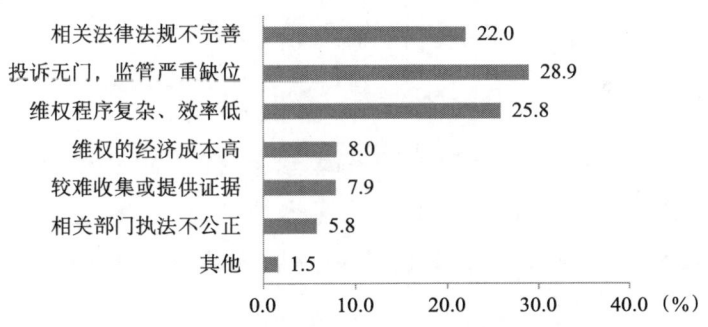

图1-4 "您认为消费者维权面临的最大困难是?"

(五)受访者认为,目前老百姓向政府表达意见的渠道有待进一步畅通;在政务公开方面,受访者较不满意的是公开财政预算收入和支出的情况

关于目前老百姓向政府表达意见的渠道是否畅通,受访者中认为"非

常畅通""比较畅通"的分别占 9.4%、26.9%；认为畅通度"一般"的占 35.8%；认为"不太畅通""不畅通"的分别占 17.4%、8.6%。

在问卷所列政务公开事项中，受访者满意度最低的是公开财政预算收入和支出的情况，较低的是公布政府权力范围和责任范围的情况，重大政策措施、重大工程项目在决策前征求群众意见的情况；满意度相对较高的是发生重大突发事件时，公布事件进展、政府举措和处理结果的情况（见图 1-5）。

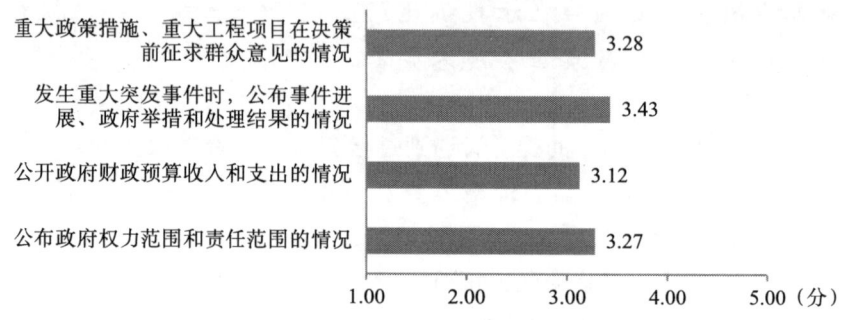

图 1-5 受访者对现居住地市政府政务公开情况的满意度

四、对基本公共服务的评价与需求

（一）近两年来，受访者对基本公共服务的总体满意度有所上升；对人口和计划生育服务、基本公共教育的满意度一直较高，对基本社会服务、基本住房保障的满意度一直偏低

2016 年数据显示，受访者对基本公共服务的总体满意度平均分为 3.48 分，处于"一般"（3 分）与"比较满意"（4 分）之间；比 2015 年此项指标得分（3.35 分）提升了 0.13 分。

分不同方面看，2016 年受访者满意度最高的是人口和计划生育服务、基本公共教育，得分分别为 3.71 分、3.70 分。2015 年满意度最高的也是这两项。2016 年满意度最低的是基本社会服务（低保和特困、医疗、养老、困境儿童等社会救助），为 3.28 分；较低的是残疾人基本公共服务、基本住房保障、劳动就业服务，分别为3.33分、3.34分、3.35分。2015年满意度最低的是基本社会服务和基本住房保障。

（二）在就业方面，受访者认为，对下岗失业人员最重要的安置政策是提供再就业机会，落实失业保险、低保等社会保障待遇，加强就业创业服务和技能培训

受访者认为，对于下岗失业人员来说，最重要的安置政策是"提供再就业机会"和"落实失业保险、低保等社会保障待遇"，占比分别为34.0%、31.2%；然后是"加强就业创业服务和技能培训"，占20.1%（见图1-6）。分人群看，低文化程度人群、低家庭收入人群、无业失业半失业人员特别看重"落实失业保险、低保等社会保障待遇"。

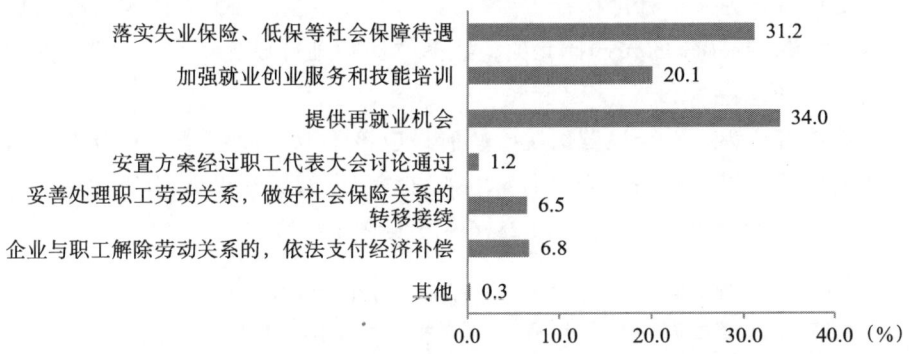

图1-6 "您认为，对下岗失业人员而言最重要的安置政策是？"

（三）在教育方面，受访者认为我国义务教育优质资源供给不足且分布不均衡、教育质量低，高等教育专业设置与社会需求脱节、不能培养创新能力、忽视实践应用

关于义务教育存在的最大问题，受访者中认为是"优质教育资源太少，分布不均衡"的占27.6%；认为是"教育方式落后，不能培养学生的创新思维""教师队伍综合素质差"的分别占15.4%、13.2%，这两项都属于对教育质量的不满，合计占28.6%。

关于高等教育存在的最大问题，受访者中认为是"专业设置与社会需

求脱节""不能培养学生的创新能力""过于强调理论教学,忽视实践应用"的分别占19.4%、19.0%、18.5%,认为是"农村与城镇学生考入大学的机会不均等"的占15.3%。

(四)在医疗卫生方面,受访者认为城市医疗卫生服务的主要问题在于医疗费用及药品价格不合理,医院存在滥检查、滥开药现象,社区医疗卫生机构发展滞后等;对于民营医院,政府应着力加强监管、提高服务质量

关于现居住城市医疗卫生服务存在的最突出问题,受访者中认为是"医疗费用及药品价格不合理"的占53.5%,认为是"医院存在滥检查、滥开药等现象"的占44.1%。

受访者认为基层社区医疗卫生机构存在的最主要问题是"缺乏全科医生等人才",43.0%的人选择此项;选择"医疗硬件设施不完善""医疗水平较低"的均占22.2%。

受访者认为,对于民营医院,政府最应该采取的政策是"加强对民营医院的监管,提高服务质量,保障医疗安全",32.1%的人选择此项;其次应"解决看病贵的问题",占28.6%(见图1-7)。

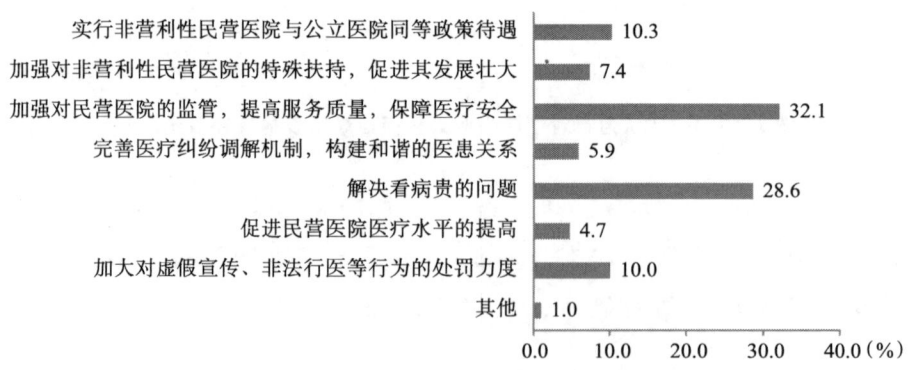

图1-7 "对于民营医院,政府最应该加强哪方面的政策?"

（五）在养老服务方面，受访者家庭目前需求较大的是医疗保健、基本生活照料、康复护理、紧急救援等服务；基层社区养老服务存在的突出问题是缺乏养老服务机构、养老服务设施设备不健全、服务水平不高等

受访者家里老人或自身目前最需要的养老服务是医疗保健，64.1%的人选择此项，远远高于其他服务的占比；其次是基本生活照料，占44.9%；再次是康复护理、紧急救援、精神慰藉，分别占29.7%、28.6%、22.6%（见图1-8）。

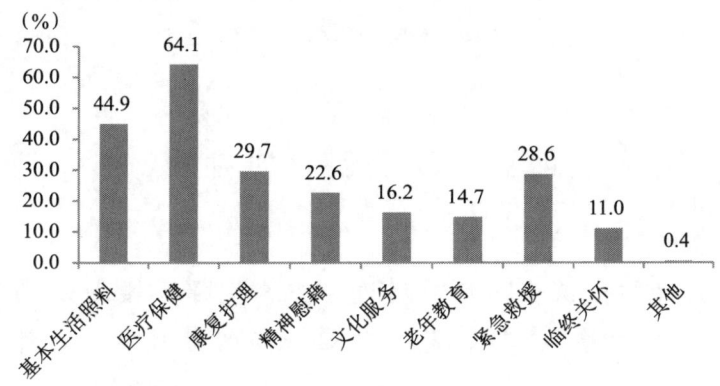

图1-8 "您家里老人或自身目前最需要的养老服务包括？"（多选题）

关于所居住社区在养老服务方面存在的最大不足，受访者中认为是缺乏养老服务机构的占43.6%；认为是养老服务设施设备不健全，养老服务专业性不强、水平不高的分别占20.0%、17.3%。

（六）在住房方面，受访者认为，为鼓励和支持购买（或租赁）城镇商品房，最重要的是应引导房地产企业适当降低商品房价格，其次是政府给予少量购房补贴或税费减免

受访者认为，为鼓励和支持居民购买（或租赁）城镇商品房，最重要的政策是引导房地产企业适当降低商品房价格，重要性得分为4.38分；其次是政府给予少量购房补贴或税费减免，得分为4.24分；再次是政府给予

一定的租房补贴鼓励和支持租房,提高住房公积金贷款额度、放宽贷款条件,得分分别为 4.05 分、4.04 分(见图 1-9)。

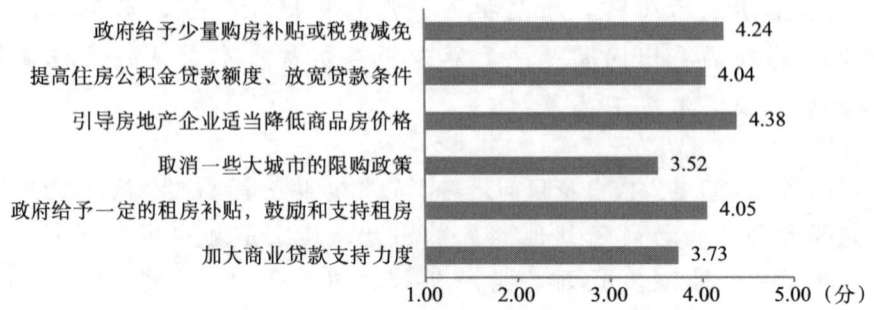

图 1-9 "为鼓励和支持居民购买(或租赁)城镇商品房,以上政策的重要程度如何?"

五、对大众创业、万众创新的看法

(一)受访者认为,目前促进"双创"最需要解决的问题是"融资难,起步难",其次是"创业创新的各种审批条件多、耗时长"

调查显示,受访者认为促进"双创"最迫切需要解决的问题是"融资难,起步难",占比达 43.2%;其次是"创业创新的各种审批条件多、耗时长",占 17.5%。选择"知识产权保护不力""监管方式滞后,新业态新模式面临监管风险""创新激励机制不完善,科技创新收益比例低"的受访者分别占 9.9%、9.5%、9.3%(见图 1-10)。

(二)受访者迫切希望政府加强创业资金扶持和创业指导;特别期待创业资金扶持的是个体私营经营者、18~45 岁人群、农村户口人群

在劳动就业服务方面,受访者最希望政府加强"创业资金扶持"或

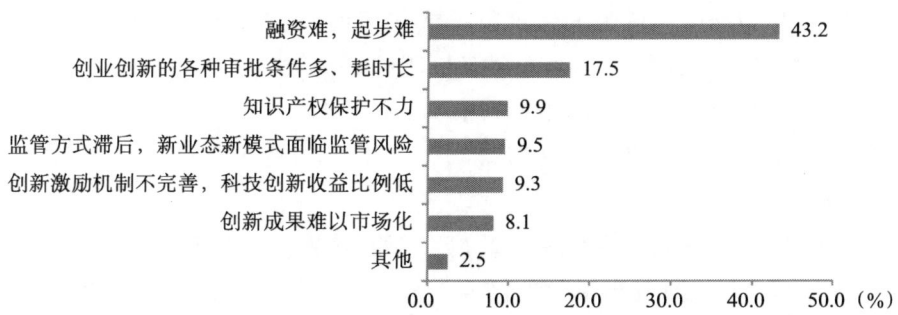

图1-10 受访者对"双创"最迫切需要解决问题的看法

"创业指导"的人数比例分别为17.8%、9.1%。这两项都属于创业服务,合计占26.9%（见图1-11），超过了其他选项的单项比例。

分人群看，个体私营经营者中最希望政府加强"创业资金扶持"的人数比例达到31.8%；18~45岁人群比其他更高年龄人群更希望加强"创业资金扶持"；农村户口人群比城镇户口人群更希望加强"创业资金扶持"。

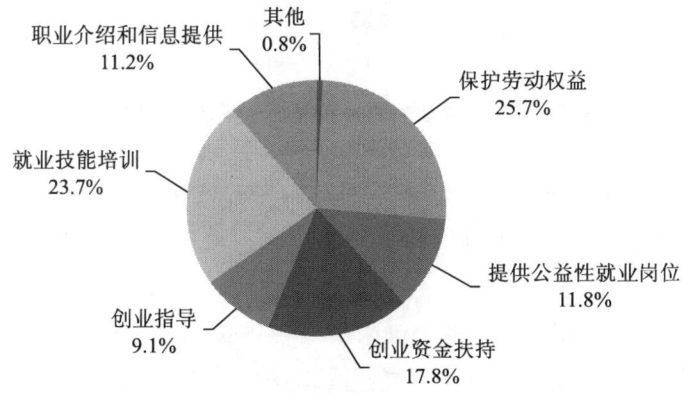

图1-11 受访者最希望政府提供的劳动就业服务

（三）近2/3的人认为当前我国社会的诚信度不高；受访者对互联网交易的信任度较低，对互联网交易监管状况的满意度较低

受访者中认为当前我国社会诚信度很高或较高的占34.5%，认为诚信

度一般的占47.6%，认为诚信度较低或很低的占16.9%（见图1-12），合计有64.5%的人认为当前社会诚信度不够"高"。

分对象来看，受访者对实体商店的信任度平均分为3.51分；对网上商店的信任度明显低于前者，仅为2.83分；对网约专车司机的信任度也偏低，为3.02分。

在市场监管方面，受访者对政府"对互联网交易的监管"满意度偏低，表示非常满意或比较满意的仅占27.8%，满意度一般的占43.7%，不太满意或很不满意的占22.7%。

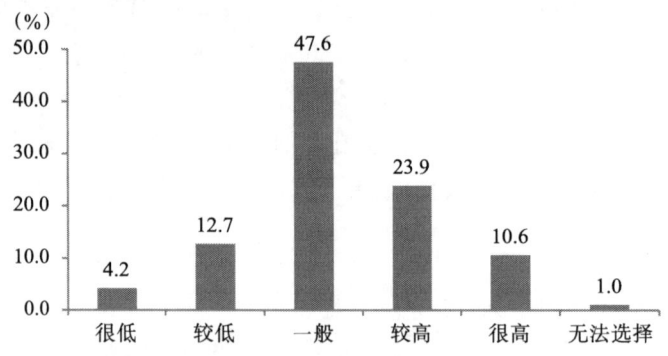

图1-12　受访者对目前我国社会诚信度的评价

（四）大部分人充分肯定企业家群体的经济社会贡献，认为应保护企业家的合法私有财产

企业家精神是创业成功的关键因素之一。受访者中对"企业家为社会创造了大量就业机会"表示非常赞同或比较赞同的占73.6%；对"应保护企业家的合法私有财产"表示非常赞同或比较赞同的占61.1%；对"企业家的开拓精神高于一般人"表示非常赞同或比较赞同的占52.6%。同时，受访者中49.6%的人不太赞同或很不赞同"企业家靠剥削工人致富"的观点。

（五）分享经济发展的社会基础日趋广泛，年轻人、高文化程度人群参与分享经济发展的意识更强

随着"双创"蓬勃开展，许多新业态层出不穷，其中就包括分享经济。当问到"您是否愿意通过互联网平台做以下事情"时，76.6%的受访者表示愿意"在时间允许的情况下，发挥自身专长，为他人提供有偿帮助"；68.5%的受访者表示愿意"将自家闲置的二手电器、家具等卖给有需要的人"；58.3%的受访者表示愿意"对别人发起、但自己感兴趣的创业项目，进行力所能及的投资"，还有部分受访者愿意"将自家空闲的房间短租给出差、旅游的人"（44.2%）等。

分人群看，年轻人群、高文化程度人群更愿意通过互联网平台参与以上一些事情。

六、对一些经济社会问题的态度

（一）受访者目前最担心的社会问题是食品药品不安全，其次是环境污染、房价过高，再次是贫富差距扩大和社会风气败坏

分析表明，对于问卷所列的可能出现的一些社会问题，受访者最担心的是食品药品不安全，担心程度得分为4.55分；其次是环境污染、房价过高，分别为4.27分、4.26分；再次是贫富差距扩大和社会风气败坏，均超过4分。从表示担心的比例来看，最高的同样是食品药品不安全，高达92.3%；其次是环境污染，也达到83.2%；再次是房价过高、社会风气败坏和贫富差距扩大，分别为79.4%、77.2%和76.2%（见表1-3）。

另外，2015年调查数据显示，受访者对食品药品不安全的担心度同样高居第一，为4.68分；对环境污染的担心度也位居第二，为4.57分。

表1-3 受访者对一些社会问题的担心程度

	样本量	均值（分）	表示担心的人数比例（%）
食品药品不安全	3159	4.55	92.3
环境污染	3160	4.27	83.2
房价过高	3131	4.26	79.4
贫富差距扩大	3143	4.13	76.2
社会风气败坏	3156	4.10	77.2
就业危机	3110	3.89	66.9
治安状况不好	3144	3.69	59.3
社会不稳定	3141	3.62	56.0
政府威信下降	3099	3.61	55.9
信仰危机	2990	3.28	36.9

注：担心=非常担心+比较担心。

（二）受访者对各类经济社会风险的承受力都较低，最不能承受的是生活必需品价格过快上涨，其次是自身收入下降，再次是社会不稳定因素增加

调查显示，受访者对各类风险的承受力均低于"一般"（3分）水平。相对而言，最不能承受的是"生活必需品价格过快上涨"，得分为1.99分，低于"比较不能承受"（2分）的水平；其次不能承受的是"自身收入下降"，得分为2.13分；第三不能承受的是"社会不稳定因素增加"，得分为2.18分；然后是"自身收入增长放缓""自身就业受到冲击"，得分均为2.35分（见图1-13）。

从不能承受[①]的人数比例来看，生活必需品价格过快上涨为74.2%，自身收入下降为65.1%，社会不稳定因素增加为63.4%，自身收入增长放缓为55.8%，自身就业受到冲击为52.8%。

---

① 不能承受=比较不能承受+完全不能承受。

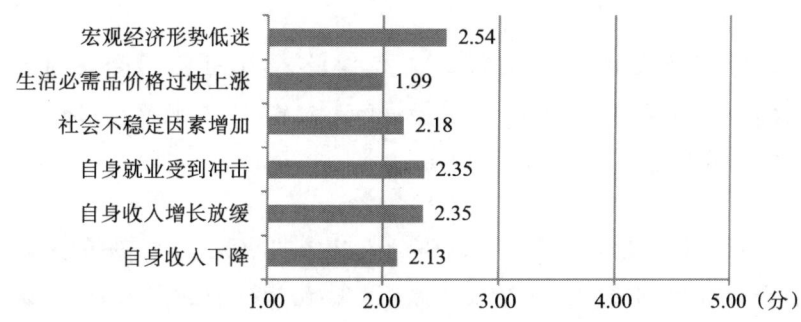

图 1-13 受访者对一些经济社会风险的承受力

（三）在各项环境问题中，受访者认为最严重的是空气污染，其次是生活垃圾污染，再次是工业垃圾污染等

对于问卷所列的一些环境问题，受访者认为最严重的是空气污染，严重程度得分为 3.57 分；其次是生活垃圾污染，得分为 3.41 分；再次是工业垃圾污染、绿地面积不足和噪声污染，分别为 3.38 分、3.36 分和 3.35 分（见图 1-14）。就认为问题非常或比较严重的人数比例来看，其中空气污染的比例最高，为 53.8%；其次是生活垃圾污染和工业垃圾污染，分别为 47.2% 和 45.7%；再次是绿地面积不足、噪声污染和水污染，分别为 42.7%、41.6%、40.9%。

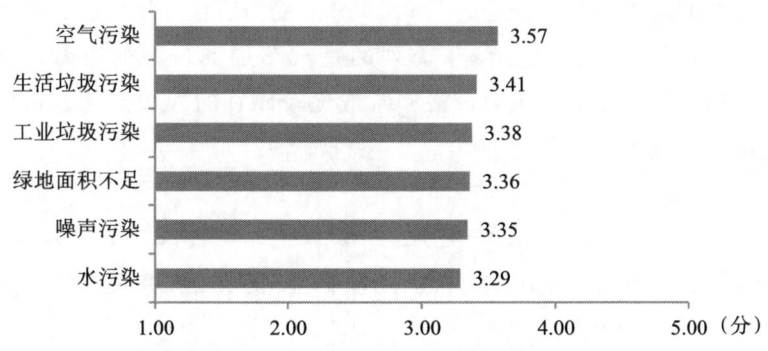

图 1-14 受访者对环境问题严重程度的评价

（四）超过九成的人认为目前我国收入差距大；受访者认为，缩小收入差距应着重于明显增加低收入劳动者收入，遏制以权力、行政垄断等不公平因素获取收入

关于目前我国收入差距，57.1%的人认为非常大，34.3%的人认为比较大，合计有91.4%的人认为收入差距大；认为一般的占7.1%，认为非常小或比较小的合计仅占1.0%。

关于缩小我国收入差距的最重要途径，受访者中48.8%的人认为是明显增加低收入劳动者收入；其次是遏制以权力、行政垄断等不公平因素获取收入，占25.0%；再次是扩大中等收入者所占的比重，占11.8%。

（五）在一些公用事业产品中，受访者认为价格最贵的是汽车加油，其次是手机通讯和家庭上网；水平居中的是居民生活用水、用电、用气；价格最便宜的是市内公共交通

对于问卷所列七项价格，受访者认为相对最贵的是汽车加油，得分为3.83分；其次是手机通讯和家庭上网，分别为3.59分和3.55分。水平居中的是居民生活用水、用电、用气，分别为3.48分、3.43分、3.35分。相对最便宜的是市内公共交通，为2.74分。受访者认为这些公共产品价格非常或比较贵的人数比例，位于前列的是汽车加油、手机通讯，分别为59.6%、52.0%。受访者认为价格非常或比较便宜的人数比例，市内公共交通最高，达到38.0%。

（六）在城镇基础设施建设方面，受访者认为首先应加强排污和垃圾处理设施的建设，其次应加强防洪防涝设施、停车场（停车位）等的建设

分析表明，对于问卷列举的一些基础设施，受访者认为，迫切程度最高的是加强排污和垃圾处理设施的建设，得分为4.27分；其次是加强防洪防涝设施和停车场（停车位）的建设，分别为4.17分、4.15分；再次是

加强公共交通设施、公共文化体育设施，供水、供电、供气设施，公园绿地的建设，得分处于3.83~3.89分之间（见表1-4）。就认为迫切需要加强的人数比例来看，排污和垃圾处理设施建设的比例最高，为80.9%；防洪防涝设施、停车场（停车位）建设的比例次之，分别为75.9%和75.5%。

表1-4　受访者对加强城镇基础设施建设的迫切性评价

	样本量	均值（分）	认为迫切的人数比例（%）
排污和垃圾处理设施	3 146	4.27	80.9
防洪防涝设施	3 130	4.17	75.9
停车场（停车位）	3 092	4.15	75.5
公共交通设施	3 147	3.89	66.4
公共文化体育设施	3 119	3.86	62.3
供水、供电、供气设施	3 147	3.83	61.3
公园绿地	3 147	3.83	64.5
互联网基础设施	3 064	3.70	53.5

注：迫切=非常迫切+比较迫切。

七、对个人和家庭问题的感受

（一）约2/5的人对自己的工作岗位表示满意；分人群看，工作满意度较高的是国家干部、高文化程度人群、高收入人群，较低的是无业失业半失业人员、低文化程度人群、低收入人群

调查数据显示，39.1%的受访者[①]对自身工作岗位的满意度非常大或比较大，47.3%的受访者满意度一般，7.0%的受访者满意度非常小或比较小；受访者对工作的满意度平均值为3.43分。单因素方差分析表明，城镇居民对工作的满意度受职业、文化程度、收入等变量的显著影响。分职业

---

① 关于工作满意度和危机感的分析排除学生和退休人员。下同。

看，国家干部的满意度最高，无业失业半失业人员的满意度最低。分文化程度看，文化程度越高，对工作的满意度越高。分收入水平看，个人月收入水平越高，工作满意度越高，反之越低；家庭人均月收入的影响相同（见图1-15）。

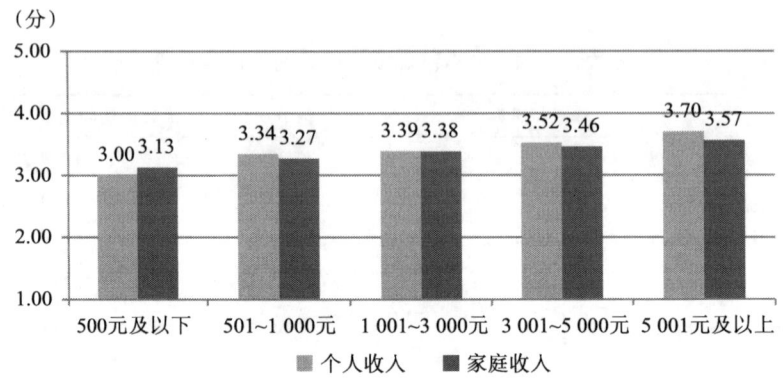

图1-15 不同收入人群对工作的满意度

（二）约2/5的人表示工作危机感大；分人群看，个私经营者、26~45岁人群、低收入人群工作危机感较大，国家干部、最高年龄组即56~64岁人群工作危机感相对较小

数据显示，38.1%的受访者表示工作危机感非常大或比较大，38.1%的受访者表示工作危机感一般，17.5%的受访者表示非常小或比较小；受访者的工作危机感平均值为3.27分。分析表明，城镇居民的工作危机感受职业、年龄、家庭人均月收入等变量的显著影响。分职业看，国家干部的工作危机感最小，个私经营者最大（见图1-16）。分年龄看，26~35岁人群、36~45岁人群的工作危机感最大，56~64岁人群最小。分家庭人均月收入看，501~1000元人群、500元及以下人群的工作危机感高于其他更高收入人群。

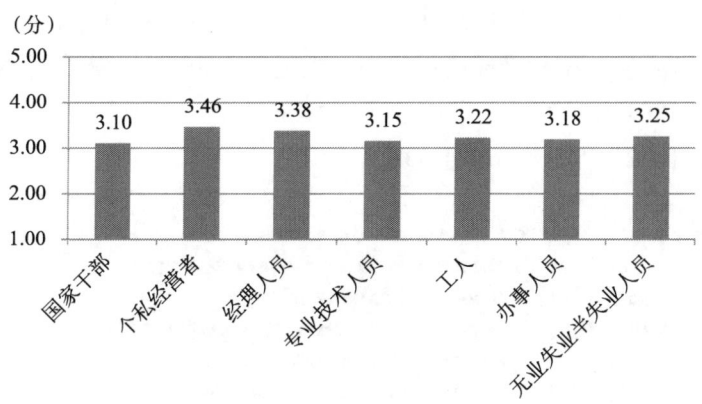

图 1-16 不同职业人群的工作危机感

（三）接近六成的人对自身家庭生活表示满意；分人群看，国家干部、高家庭收入人群对家庭生活的满意度较高，个私经营者、无业失业半失业人员、低家庭收入人群满意度较低

对于自身家庭生活，57.8%的受访者表示满意度非常大或比较大，34.6%的受访者表示满意度一般，6.8%的受访者表示满意度非常小或比较小；受访者对家庭生活的满意度平均值达到 3.75 分。分析表明，城镇居民对家庭生活的满意度受职业、年龄、收入等变量的显著影响。分职业看，国家干部对家庭生活的满意度远高于其他人群，个私经营者满意度最低，无业失业半失业人员也较低。分年龄看，18~25 岁人群对家庭生活的满意度明显最高，46~55 岁人群的满意度最低。分家庭人均月收入看，收入水平越高，满意度越高。

（四）受访者最担心的个人家庭问题是生病没钱治疗、子女上学难上学贵，其次是家庭收入减少，再次是家庭经济困难、老年没有生活保障

数据分析显示，受访者目前最担心的个人和家庭问题是"生病没钱治疗""子女上学难上学贵"，担心度评分均为 3.97 分；其次是"家庭收入减少"，为 3.91 分；再次是"家庭经济困难""老年没有生活保障"，分别

为3.79分、3.77分（见图1-17）。就表示非常或比较担心的受访者比例来看，最高的是"生病没钱治疗"，比例高达72.0%；其次是"家庭收入减少"，为70.0%；然后是"子女上学难上学贵""老年没有生活保障""家庭经济困难"，比例都超过60%。

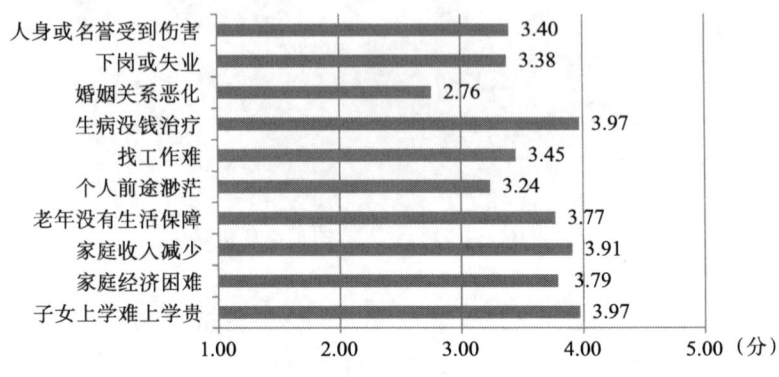

图1-17 受访者对个人和家庭问题的担心度

（五）无业失业半失业人员、18~35岁人群、低家庭收入人群对个人和家庭问题的总体担心度最高，退休人员、高家庭收入人群担心度相对较低

我们将图-17所列的10个方面的担心变量加总取平均，得到一个新的变量即"居民对个人和家庭问题的总体担心度"。数据显示，受访者对个人和家庭问题的总体担心度平均分为3.59分。分析表明，居民对个人和家庭问题的总体担心程度受职业、年龄、收入等变量的显著影响。从职业看，无业失业半失业人员对个人和家庭问题的总体担心度最高，其次是学生，退休人员最低（见图1-18）。从年龄看，26~35岁人群的总体担心度最高，达到3.76分；18~25岁人群次之，为3.72分；56~64岁人群最低，为3.28分。从家庭人均月收入看，总体担心度随家庭收入的增长而不断降低。

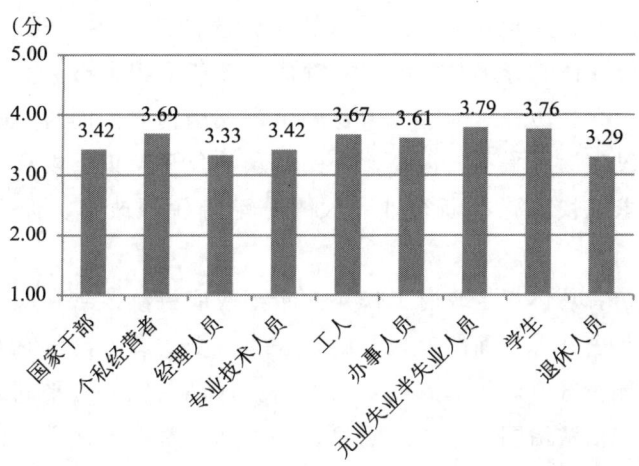

图 1-18　不同职业人群对个人和家庭问题的总体担心度

（六）在消费需求方面，预计未来 5 年上升幅度最大的是子女教育需求，其次是赡养老人，再次是医疗健康，然后是旅游、购房或租房

在受访者未来 5 年内各项消费支出的可能变化上，上升幅度最大的是子女教育，得分为 3.92 分；其次是赡养老人，为 3.85 分；再次是医疗健康，为 3.77 分；然后是旅游、购房或租房，分别为 3.61 分、3.57 分。从未来支出可能明显或有所上升的人数比例看，子女教育、医疗健康、赡养老人分别为 62.9%、62.6%、60.2%，旅游为 52.4%，购房或租房为 42.5%。

八、研究结论

一是受访者充分肯定全面深化改革的总体进展，尤为认可户籍制度、行政体制等改革的成效，但认为垄断行业、收入分配等改革还需加力。群众肯定的客观基础在于，目前全面深化改革的大格局、大脉络日益清晰，经济体制、政治体制、文化体制、社会体制、生态文明体制和党的建设制度改革全面发力，主要领域"四梁八柱"性质的改革主体框架基本确立，户籍制度、行政体制等重要领域和关键环节改革取得突破。而且，改革的明显进展也使得受访者对国家未来发展稳定充满信心。同时，随着经济社会发展和人民生活水平不断提高，人民群众的公平意识、权利意识不断增强，迫切要求加快深化垄断行业、收入分配等领域改革，促进社会公平正义。

二是受访者总体肯定政府工作，并希望政府持续改善在廉洁自律、办事效率、政务公开等方面的表现。调查表明，受访者近两年来对政府依法办事、保护环境等方面的满意度明显上升。这说明以习近平同志为核心的党中央在推进依法治国、生态文明建设等方面的举措及成效，给群众带来了较强获得感。受访者对政府廉洁自律的满意度呈上升趋势，反映了反腐败斗争取得压倒性态势，但同时值得重视的是，受访者对政府廉洁自律的满意度绝对水平仍然有待提升，说明推进全面从严治党、建设廉洁政府依然任重道远。受访者还表明了对进一步提升政府效率的期待，其中包括解决消费者维权效率低的问题。而在政务公开方面，受访者最希望的是公开财政预算收入和支出、公开政府权力和责任范围、完善重大公共决策对群众意见的征求。

三是受访者迫切希望政府加强市场监管，重点包括打击假冒伪劣商品、防止垄断和不正当竞争、完善互联网交易监管和股市监管、保障食品药品安全等。建立科学、有效的市场监管体系不仅是营造良好市场环境的重要基础，而且是保障群众合法权益和切身利益的必然要求。加强市场监管是政府的重要职责。调查表明，居民受访者对政府发挥市场监管职能的现状并不满意，尤其是对上述一些方面存在的问题意见较大；同时发现，消费者权益受损问题依然普遍存在。这要求我国政府管理体制改革在大力推进简政放权的同时，加强事中事后监管，切实做好放管结合、优化服务工作。

四是目前城镇基本公共服务"补短板"任务依然艰巨，特别是在社会服务、住房保障、残疾人服务、医疗卫生和养老服务等方面。调查表明，在基本公共服务方面2016年受访者满意度最低的是社会服务（低保和特困、医疗、养老等社会救助），较低的是残疾人服务、住房保障等；2015年满意度最低的是社会服务和住房保障。另外，受访者很担心生病没钱治疗、老年没有生活保障。在医疗卫生方面，受访者认为目前的主要问题是医疗费用及药品价格不合理，医院滥检查、滥开药，社区医疗卫生发展滞后，对民营医院的监管不健全等。在养老服务面，他们认为基层社区缺乏养老机构和设施、服务水平低等问题突出。从群众最关心、需求最迫切的这些方面着手，大力推进基本公共服务补短板，有利于惠民生、防风险，促进经济平稳健康发展和社会和谐稳定。

五是我国教育发展存在的突出问题是优质教育资源供给不足，教育的创新性、应用性、公平性不够。提高教育发展水平是实施创新驱动发展战略的必然要求。调查发现，受访者很担心子女上学难上学贵的问题；认为义务教育的突出问题在于优质教育资源供给不足、教育质量低尤其是不能培养创新思维等；高等教育的突出问题在于教育的应用性、创新性、公平性明显不够。教育发展存在的突出问题不仅导致人民群众不断上升的教育需求无法得到满足，而且从根本上阻碍了大众创业、万众创新向纵深发展，还将制约国家长远的竞争力和国际地位。这要求从深层次上推进教育改革。

六是进一步释放居民消费需求应重点从子女教育、养老、医疗健康、旅游和住房等领域着手。供给侧结构性改革的最终目的是满足需求，这要求深入研究市场变化，理解现实需求和潜在需求。调查发现，预计未来5年，受访者消费需求上升幅度最大的是子女教育方面，其次是赡养老人，再次是医疗健康，然后是旅游、购房或租房。不断扩大这些服务领域有效供给，提高供给结构对需求结构的适应性，提升居民消费能力，释放居民消费需求，是培育经济发展新动能的重要抓手。必须用改革的办法推进供给质量和效率的提高。

七是大众创业、万众创新的社会基础不断夯实，但仍然面临融资难、融资贵等障碍。调查表明，受访者充分肯定企业家的开拓精神和经济社会贡献，认为应保护企业家的合法私有财产，这有利于进一步激发创业创新的社会热情。分享经济等新业态获得了年轻人、高文化程度人群的青睐，将进一步释放其巨大活力。同时，虽然政府为缓解中小企业融资难、融资贵的问题出台了一系列政策举措，但受访者仍然认为促进"双创"最迫切需要解决的问题是"融资难，起步难"；迫切希望政府加强创业资金扶持和指导。这表明推进"双创"向纵深发展仍需要进一步破解融资难的问题。

八是受访者强烈追求健康生活环境,高度担心食品药品不安全、环境污染问题。调查数据表明,在一些社会问题当中,2015年、2016年受访者对食品药品不安全、环境污染的担心度都位居前列。另外,受访者认为改善我国食品安全状况的最重要措施是"明显加大政府监管和处罚力度";认为目前最为严重的环境问题是空气污染,其次是生活垃圾污染。可见,对于近些年食品药品安全方面出现的诸多问题,环境保护面临的严峻形势,城镇居民深表忧虑,在生活水平显著提高的今天,他们迫切希望政府加强和完善这些方面的监管,为广大人民群众创造更为健康的生活环境。

九是受访者关注公用事业产品价格,期待加强基础设施建设。调查显示,受访者认为汽车加油、手机通讯和家庭上网等公用事业产品价格"偏贵",最便宜的是市内公共交通。这说明政府应完善公用事业产品价格形成机制。在基础设施建设方面,受访者认为较为迫切的是加强排污和垃圾处理设施、防洪防涝设施、停车场(停车位)等的建设。基础设施关系城镇经济社会运行和居民生活质量,应结合群众反映加强城镇基础设施"补短板"。

十是低收入人群高度期待加强基本民生保障,高收入人群、特超大城市人群对公共服务的需求层次高。调研发现,国家干部、高收入人群工作满意度较高,工作危机感较低,家庭生活和收入满意度较高,对个人家庭问题的担心度较低。而低收入人群、无业失业半失业人员工作满意度较低,工作危机感较大,家庭生活和收入满意度较低,对个人家庭问题的担心度较高。对于下岗失业人员安置,低收入人群、无业失业半失业人员特别看重落实社保待遇。同时,高收入、高文化程度人群和特超大城市人群对基本公共服务的总体满意度低,对我国教育发展的总体满意度低,特别强调优质义务教育资源供给不足、高等教育的创新性不够。这一方面要求加强社会政策托底,另一方面要求增加公共服务有效和中高端供给,满足多样化、个性化服务需求。

九、对策建议

第一,加大力度深化垄断行业、收入分配等关键领域改革。将推进混合所有制改革作为深化国企和垄断行业改革的重要突破口。在电力、石油、天然气、铁路、民航、电信、军工等领域深入开展混合所有制改革试点，开放竞争性业务、破除行政垄断、打破市场垄断，推进政企分开、政资分开、网运分开等，引入更多的非公资本发展混合所有制经济。健全再分配调节机制，明显增加低收入劳动者收入，扩大中等收入者比重。规范收入分配秩序，保护合法收入，规范隐性收入，遏制以权力、行政垄断等非市场因素获取收入，取缔非法收入。

第二，坚持全面从严治党，构建不敢腐、不能腐、不想腐的有效机制。严明党的纪律和规矩，落实党风廉政建设主体责任和监督责任，推动问责制度落地生根，加大责任追究力度，切实做到有腐必反、有贪必肃，使党员干部不敢腐。坚持依法行政，把权力关进法制的笼子，健全管权、管事、管钱、管人的体制机制，确保政府权力不逾越法制鸿沟，确保党员干部不能腐。完善党员干部理想信念教育机制，使党员干部不忘初心、坚守正道、弘扬正气，永葆共产党人清正廉洁的政治本色，真正做到不想腐。

第三，以"制度+信息技术"为支撑，建设透明高效的政府。健全政务公开制度，修订政府信息公开条例，完善政务公开内容、方式、程序、平台、时限等相关标准。积极回应群众关切，进一步推进财政预算收支、政府权责范围、重大公共决策等公开透明。优化政府组织结构和管理流程，在政府内部管理中合理导入市场机制，通过有效的激励和约束机制，提高政府办事效率。充分运用互联网、大数据等现代信息技术改善政府治理。加快推进"互联网+政务"，构建基于互联网的一体化政务服务体系。

第四，针对突出监管问题，尽快完善市场监管体制机制。对制售假冒伪劣违法行为探索实行惩罚性巨额赔偿制度。完善消费维权机制，严格落实缺陷产品召回制度，全面推行消费争议先行赔付。努力提高"12315"消费维权工作效能。围绕群众关切的重点领域，加强反垄断和反不正当竞争执法。建立健全互联网交易监管规章制度，加强对网店主体资格、商品信息及质量的把控，不断创新网络市场监管的方式方法。深化金融监管体制改革，切实保护金融消费者合法权益。完善食品药品安全监管体制机制，加大执法和惩罚力度，使生产企业不想、不能、不敢以身试法。实行最严格的环境保护制度，强化排污者主体责任，形成政府、企业、公众共治的环境治理体系。

第五,精准对接群众需求,大力推进基本公共服务"补短板"。一是补社会服务短板。完善与物价水平和生活成本相关联的低保待遇确定和动态调整机制,推进低保、特困人员供养、医疗救助、教育救助等制度整合。二是补住房保障短板。加大公共租赁住房建设和城镇棚户区住房改造力度,加快解决城镇居民基本住房问题。三是补残疾人服务短板。完善对困难残疾人、重度残疾人的生活、护理、器具等进行补贴的机制,加强残疾人托养、康复等服务。四是补医疗卫生短板。推进公立医院改革,鼓励社会力量兴办健康服务业,健全医疗全行业监管体制机制,提升基层医疗卫生服务能力。五是补养老服务短板。重点增加医疗保健、生活照料等服务供给,推进医养结合;着力强化社区养老依托功能,加大政府购买社区居家养老服务力度。

第六,紧紧围绕创新发展,不断革新教育理念、方式和方法。深入贯彻落实创新发展新理念,将创新理念贯穿于教育全过程,彻底转变传统的以考试为导向的教育价值观,倡导个性教育,树立多样化人才观念。破除以升学率为中心的中小学办学水平评价考核机制,按照培养创新型人才的要求调整学校教育目标和课程设置。深化考试招生制度改革,从根本上解决一考定终身的问题。用新思想、新理论、新知识、新技术全面更新高等教育内容和方法。加强学校教育与社会实践的结合,提升大学专业设置对社会需求的适应性。

第七,深化改革创新,着力促进教育培训、养老、健康、旅游等领域消费提质扩容。深化简政放权,放宽市场准入,加强事中事后监管,营造公平竞争市场环境,鼓励和引导社会资本加大力度投入教育培训、养老、健康、旅游等服务领域。积极推进教育、养老、卫生等事业单位分类改革,将从事生产经营活动的事业单位逐步转为企业,鼓励其增加服务供给、提升服务品质。鼓励各类市场主体紧密结合居民消费需求,创新服务业态和商业模式,扩大有效服务供给,增加短缺服务,开发新型服务。大力完善相关领域服务质量标准体系,促进服务质量提高。

第八,进一步完善推进大众创业、万众创新的政策体系。深化简政放权,创造更优越的市场环境和制度环境,更大程度激发市场主体活力和经济内生动力。打造一批"双创"示范基地和城市,及时总结和推广经验。

鼓励发展"互联网＋"创业创新平台，完善中小微企业公共服务平台。完善创业投资引导机制，拓宽创业投融资渠道。鼓励众筹等新型融资模式的发展，建立系统性金融风险防范机制，如控制众筹融资规模等，降低项目风险向投资者转移的幅度。营造鼓励创业、宽容失败的社会氛围，培育创业文化。

第九，完善公用事业产品价格形成机制，加强城镇基础设施"补短板"。完善主要由市场决定价格的机制，减少政府对价格形成的干预，放开电力、石油、天然气、交通运输、电信等领域竞争性环节价格，完善水价形成机制等。结合群众需求，着力加强排污和垃圾处理设施、防洪防涝设施、停车场（停车位）等的建设。进一步放宽公用事业、基础设施领域的市场准入限制，采取特许经营、政府购买服务等政府和社会合作模式，鼓励社会资本参与投资建设运营。

第十，明确坚持积极托底，大力加强对重点弱势群体的民生兜底与活力激发。对于低收入人群、无业失业半失业人员、老年人等弱势群体，既要守住民生底线，保障其基本生活，又要避免单纯的物质救助，避免形成福利依赖、损害社会活力与公平。应坚持权利与义务的统一，促进弱势群体承担自我发展、回馈社会的义务，注重对弱势群体的精神鼓舞、文化技能培训、就业创业支持和社会资本提升等，提升其自我发展能力。同时，应充分发挥政府、社会组织、企业、居民自治组织、弱势群体自身及家庭等多元主体的积极作用。

第二篇
坚持以人民为中心　提高改革满意度信心度*

——2016年改革民意问卷调查研究专题报告一

全面深化改革必须以促进社会公平正义、增进人民福祉为出发点和落脚点，让发展成果更多更公平惠及全体人民。改革能否打高分，要让基层、让群众来评判。将群众的感受和认可作为试金石，能够试出改革是否对准了焦距、击中了要害，能够更加精准地衡量出改革措施是否立得住、站得稳、持续释放正能量。2016年，本课题组继续对我国城镇居民改革民意状况进行跟踪调查。本报告将基于此次调查的数据，分析受访者对国家发展改革的满意度和信心度，得出一些结论，提出相关对策建议。

要　点

◇ 受访者对改革进展的满意度较高，80%的受访者认为改革进展很大或较大。

◇ 分不同领域看，受访者对户籍制度、行政体制等改革的满意度相对较高，对垄断行业、收入分配等改革的满意度有待进一步提升。

◇ 受访者对国家发展稳定的信心度较高，80%以上的受访者对国家政治稳定、社会发展、经济增长有信心。

---

* 执笔人：祝岩松。

第二篇 坚持以人民为中心 提高改革满意度信心度 | 35

◇ 分不同人群看，特超大城市人群、民主党派人士对改革的满意度、对发展的信心度有待进一步提升。
◇ 受访者对个人发展的信心度低于对国家发展稳定的信心度；76.1%的受访者对家庭生活有信心，59.6%的受访者对个人发展有信心。

一、对改革进展的满意度

（一）总的来看，受访者对目前我国改革进展的满意度较高；80%的受访者认为改革进展很大或较大

调查显示，受访者普遍认为改革进展较大。如图2-1所示，有46.4%的受访者认为改革"进展很大"，有33.3%的受访者认为改革"进展较大"，二者之和接近80%；认为改革"进展较小"的受访者仅占1.1%，认为改革"进展很小"的受访者仅占1.2%，二者之和仅为2.3%。

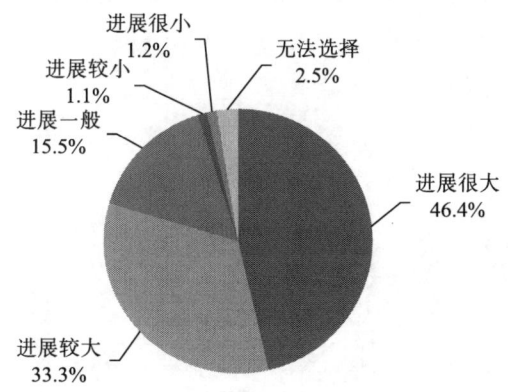

图2-1 受访者对改革进展的评价情况

为了衡量调查样本对改革进展的总体评价，将"进展很大"赋值为5分，"进展较大"赋值为4分，"进展一般"赋值为3分，"进展较小"赋值为2分，"进展很小"赋值为1分，"无法选择"不参与赋值，将全部有效样本的平均得分作为对改革进展的总体满意度得分。统计结果显示，受

访者对改革进展的总体满意度平均分为4.26分,处于"进展较大"与"进展很大"之间。可见,受访者对目前我国改革进展的总体满意度较高。

(二)分人群看,不同人群对改革进展的总体满意度均处较高水平;民主党派人士的满意度有待进一步提高

单因素方差分析表明,受访者对改革进展的总体满意度受职业、年龄、政治面貌、所处城市规模等变量的显著影响,而受文化程度、个人收入、家庭收入、地区分布等变量的影响不显著（$\alpha = 0.05$,下同）。分职业看,退休人员对改革进展的总体满意度最高,分值达到4.40分,经理人员、学生对改革进展的总体满意度相对较低,但也处于"进展较大"与"进展很大"之间（见图2-2）。分年龄看,年龄越大对改革进展的总体满意度越高。分政治面貌看,中共党员对改革进展的总体满意度最高,分值达到4.37分,民主党派对改革进展的总体满意度相对较低,分值为3.87分,处于"进展一般"与"进展较大"之间（见图2-3）。分城市规模看,特超大城市人群对改革进展的总体满意度相对偏低,分值为4.16分,但也处于"进展较大"与"进展很大"之间。可见,尽管不同人群对改革进展的总体满意度存在一定差异,但总体上对改革进展的总体满意度都处于较高水平,只有民主党派人士对改革进展的总体满意度相对较低,接近但达不到"进展较大"水平。

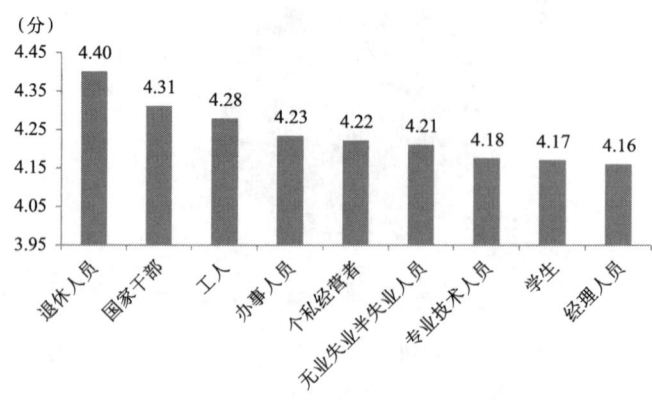

图2-2 不同职业受访者对改革进展的评价情况

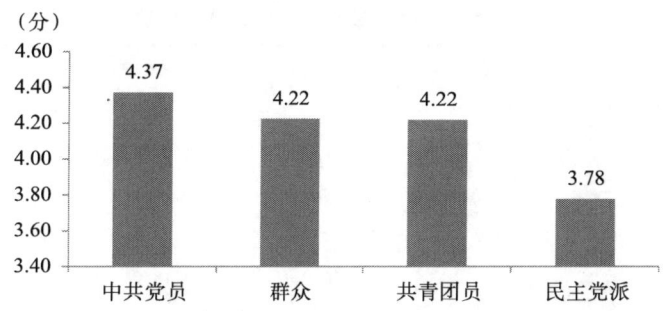

图2-3 不同政治面貌受访者对改革进展的评价情况

二、对改革成效的满意度

(一)分不同领域看,受访者对户籍制度、行政体制等领域的改革成效满意度相对较高,对垄断行业、收入分配等领域的改革成效满意度有待进一步提升

本次调查将我国改革划分为行政体制、国有企业、垄断行业、户籍制度、土地制度、教育制度、住房制度、社会保障、医疗卫生、收入分配、生态文明、民主法制等12项,基本涵盖政治、经济、社会、文化、生态文明等方面社会各界普遍关注的领域。调查显示,对户籍制度、行政体制、社会保障、民主法制、教育制度、生态文明领域的改革成效表示"满意"的受访者均超过50%,对收入分配、垄断行业、医疗卫生、土地制度、住房制度、国有企业领域的改革成效表示"满意"的受访者均不到50%。其中,受访者对户籍制度改革成效最为"满意",比例达到65.8%;其次是行政体制,比例达到60.1%。受访者对垄断行业表示"满意"的人数比例最低,仅为24.7%,表示"不满意"的比例最高,达到29.1%;其次为收入分配,表示"满意"比例为29.3%,表示"不满意"的比例为27.0%(见表2-1)。

把全部有效样本对某个领域满意度的平均得分作为对该领域改革成效的满意度,分析表明,在12个领域中,户籍制度改革满意度最高,得分达

表 2-1　　受访者对不同领域改革成效的满意状况　　　　　（单位:%）

	满意	一般	不满意	无法选择
户籍制度	65.8	24.7	6.2	3.3
行政体制	60.1	27.0	5.8	7.2
社会保障	54.7	29.9	14.2	1.2
民主法制	54.2	33.2	9.3	3.3
教育制度	54.0	26.0	18.2	1.8
生态文明	52.4	34.3	11.6	1.7
医疗卫生	48.0	31.0	20.2	0.8
土地制度	46.0	31.7	10.6	11.7
住房制度	43.3	36.3	18.5	1.9
国有企业	42.1	34.8	11.3	11.8
收入分配	29.3	41.0	27.0	2.7
垄断行业	24.7	30.9	29.1	15.3

注：满意 = 非常满意 + 比较满意；不满意 = 不太满意 + 很不满意。

到 3.86 分，接近"比较满意"；其次为行政体制改革满意度，得分达到 3.83 分；垄断行业改革满意度最低，得分仅为 2.93 分，还没有达到"一般"水平，次低为收入分配改革满意度，得分为 3.01 分。

（二）分不同人群看，对改革成效的总体满意度有待进一步提升的是经理人员、办事人员、个私经营者，民主党派人士，特超大城市人群等

把 12 个领域满意度先加总再平均作为对改革成效的总体满意度。统计显示，受访者对改革成效的总体满意度平均分为 3.50 分，满意度处于"比较满意"与"一般"之间。单因素方差分析表明，受访者对改革成效的总体满意度受职业、年龄、政治面貌、城市规模等变量的显著影响，而受地区、文化程度、个人收入、家庭收入等因素的影响不显著。两两比较发现，分职业看，学生、国家干部、退休人员对改革成效的总体满意度较高，经理人员、办事人员和个私经营者对改革成效的总体满意度较低（见图 2-4）。分年龄看，18~25 岁人群、56~64 岁人群对改革成效的总体满意度较高，26~55 岁年龄段人群对改革成效的总体满意度较低。分政治面

貌看，共青团员对改革成效的总体满意度较高，民主党派对改革成效的总体满意度较低（见图2-5）。分城市规模看，特超大城市人群对改革成效的总体满意度低于大城市人群和中小城市人群。

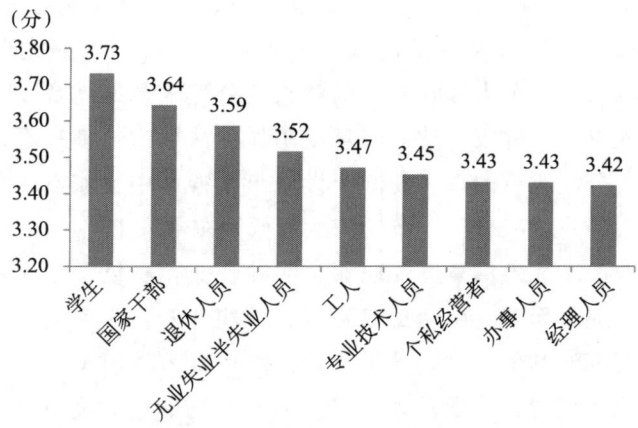

图2-4 不同职业受访者对改革成效的总体满意度

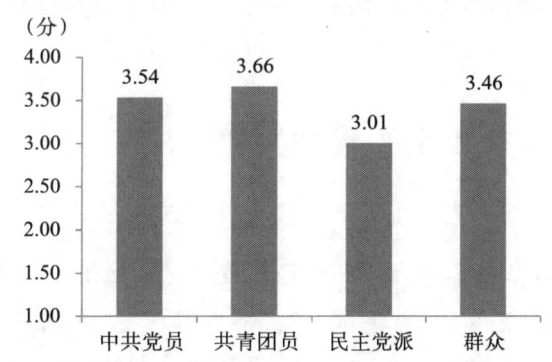

图2-5 不同政治面貌受访者对改革成效的总体满意度

（三）对收入分配改革满意度较低的是低收入人群、特超大城市人群，对垄断行业改革满意度较低的是高收入人群、特超大城市人群

受访者对收入分配改革和垄断行业改革的满意度较低，下面对这两项满意度的影响因素进行专门分析。单因素方差分析表明，收入分配改革成

效满意度受职业、年龄、文化程度、个人收入、家庭收入、城市规模、地区等因素的显著影响。两两比较发现，从职业看，退休人员对收入分配改革的满意度较低。从年龄看，18~25岁人群对收入分配改革的满意度较高，而36~45岁人群、46~55岁人群满意度较低。从文化程度看，初中、高中人群对收入分配改革成效的满意度较低，本科及以上人群满意度较高。从个人收入看，个人月收入越低对收入分配改革的满意度越低；从家庭人均月收入看，家庭收入越低满意度越低。从城市规模来看，特超大城市人群对收入分配改革的满意度低于大城市人群和中小城市人群。从地区看，中西部人群对收入分配改革的满意度低于东部人群。

垄断行业改革成效满意度受职业、年龄、文化程度、个人收入、城市规模等因素的显著影响。两两比较发现，分职业看，学生人群对垄断行业改革的满意度高于其他人群。分年龄看，18~25岁人群的满意度高于其他人群。分文化程度看，小学及以下文化程度人群的满意度较高。分个人收入看，个人月收入越高对垄断行业改革的满意度越低。分城市规模看，特超大城市人群对垄断行业改革的满意度低于大城市人群和中小城市人群。

三、对国家和个人发展的信心度

（一）总的来看，受访者对国家发展稳定的信心度较高，80%以上的受访者对国家政治稳定、社会发展、经济增长有信心

调查显示，85.6%的受访者对国家政治稳定有信心，83.8%的受访者对国家社会发展有信心，80.8%的受访者对国家经济增长有信心（见表2-2）。可见，对国家政治稳定、国家社会发展、国家经济增长有信心的受访者均超过了80%。

从平均得分来看，受访者对国家政治稳定、国家社会发展、国家经济增长的信心度得分都较高，分别达到4.31分、4.24分、4.18分，都处于"比较有信心"和"非常有信心"之间（见图2-6）。

表 2-2　　　　　受访者对国家和个人发展的信心状况　　　　　（单位:%）

	有信心	一般	没有信心	无法选择
国家政治稳定	85.6	11.3	1.7	1.5
国家社会发展	83.8	13.3	2.0	0.9
国家经济增长	80.8	14.6	2.8	1.8
家庭生活	76.1	21.1	2.4	0.4
个人发展	59.6	32.6	5.1	2.6

注：有信心 = 非常有信心 + 比较有信心；没有信心 = 不太有信心 + 很没有信心。

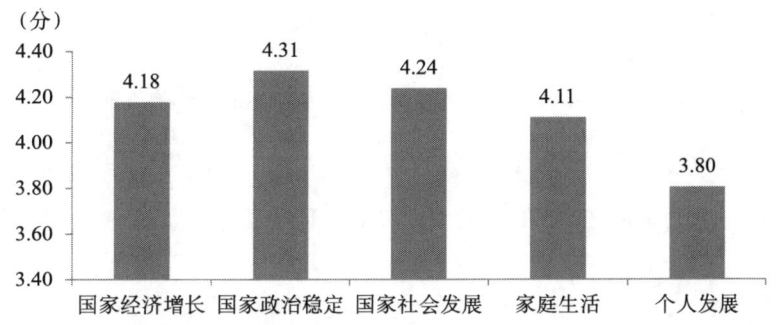

图 2-6　受访者对国家和个人发展的信心度

把国家政治稳定、国家社会发展、国家经济增长信心度先加总再平均作为对国家发展稳定的总体信心度。统计显示，受访者对国家发展稳定的总体信心度平均分为 4.25 分，处于"比较有信心"与"非常有信心"之间。

（二）不同人群对国家发展稳定的总体信心度整体较高，其中民主党派人士的总体信心度有待进一步提升

单因素方差分析表明，受访者对国家发展稳定的总体信心度受职业、年龄、政治面貌等变量影响显著。两两比较发现，分职业看，国家干部、退休人员、学生对国家发展稳定的总体信心度相对较高，工人、经理人员、无业失业半失业人员相对较低。分年龄看，18~25 岁人群、56~64 岁人群对国家发展稳定的总体信心度较高，26~35 岁人群相对较低。分政治面貌看，中共党员、群众、团员的总体信心度较高，民主党派人士相对较低，分值为 3.98 分（见图 2-7）。而文化程度、个人收入、家庭收入、城

市规模、地区等因素的影响不显著。

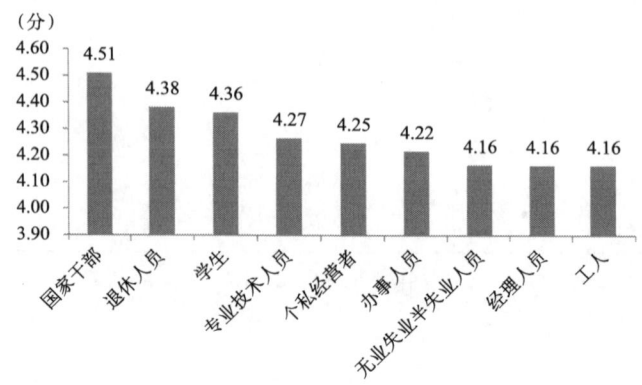

图 2-7　不同职业受访者对国家发展稳定的总体信心度

（三）3/4 的受访者对家庭生活有信心，六成受访者对个人发展有信心；受访者对个人发展的信心度低于对国家发展稳定的信心度

调查显示，与对国家政治、经济、社会发展的信心状况相比，受访者对"家庭生活"表示有信心的比例略低，为 76.1%；对个人发展表示有信心的比例更低一些，只有 59.6%（见表 2-2）。可以看出，受访者对国家发展稳定比对个人发展更有信心。

从得分来看，与对国家政治、经济、社会发展的信心度相比，受访者对家庭生活的信心度略低，但得分也达到 4.11 分；对个人发展的信心度明显偏低，得分仅为 3.80 分。

四、结论与建议

（一）主要结论

第一，受访者对目前我国改革进展的满意度总体较高。这表明改革的势头很好，受访者对全面深化改革所取得的进展是充分肯定的。党的十八届三中全会对全面深化改革进行了总部署、总动员，吹响了改革集合号。

全面深化改革的大格局、大脉络日益清晰，经济体制、政治体制、文化体制、社会体制、生态文明体制和党的建设制度改革全面发力，各领域标志性、支柱性改革基本推出，重要领域和关键环节改革取得突破。

第二，分领域来看，受访者对户籍制度、行政体制等改革的满意度较高，对垄断行业、收入分配等改革的满意度有待进一步提升。习近平总书记要求，"把是否促进经济社会发展、是否给人民群众带来实实在在的获得感，作为改革成效的评价标准"。调查发现，受访者对12个具体领域改革的满意度得分都没有超过4分（比较满意），这反映出改革向纵深推进还不够，真正惠及全体人民还不够。受访者对垄断行业、收入分配等改革的满意度相对更低则表明，随着我国经济社会发展和人民生活水平不断提高，人民群众的公平意识、民主意识、权利意识不断增强，对社会不公问题反映越来越强烈。

第三，受访者对国家政治稳定、社会发展、经济增长充满信心。全面深化改革的总路线图已经绘就，要把改革的新蓝图、新愿景、新目标变为现实，关键是靠实干、抓落实。党的十八大以来，不论是中央领导同志的公开表态，还是陆续推出的改革措施，都让人们看到了中央坚定不移推进改革、打破固有利益格局的决心，我们有理由对中国的改革充满信心，对中国梦的实现充满期待。大多数受访者对国家政治稳定、社会发展、经济增长有信心，正是基于这样的现实和切身感受。

第四，受访者对个人发展的信心度低于对国家发展稳定的信心度。一方面，过去的改革往往是"帕累托改进"，绝大多数人能从改革中受益，现在的改革很可能是"卡尔多改进"，利益增进和利益调整并存。另一方面，改革越往前走，牵扯的利益越复杂，触及的矛盾越深，遭遇的阻力也就越大。受访者对个人发展的信心度低于对国家发展稳定的信心度，反映出一些受访者并不认为自己一定是改革的受益者。

第五，分不同人群看，特超大城市人群、民主党派人士对改革的满意度、对发展的信心度有待进一步提升。调查发现，民主党派人士、特超大城市人群等对改革成效的总体满意度相对较低；特超大城市人群对垄断行业改革、收入分配改革的满意度低于其他城市人群；民主党派人士对国家发展稳定的总体信心度相比其他人群略低。其中原因可能在于，特超大城市人群、民主党派人士整体上文化水平相对较高，对国家改革发展的总体诉求、期待层次较高。

（二）对策建议

第一，全面深化改革要充分发挥人民群众主体作用。总体上看，受访者对改革发展的满意度和信心度都比较高，这反映出全面深化改革具有很好的群众基础。习近平同志强调："改革开放是亿万人民自己的事业，必须坚持尊重人民首创精神，坚持在党的领导下推进。必须坚持人民主体地位和党的领导的统一，紧紧依靠人民推进改革开放。"只有在加强党的领导和紧紧依靠人民相结合的情况下，从人民的实践创造和发展要求中吸取无穷的智慧和力量，才能形成强大的改革动力，打赢全面深化改革这场攻坚战。

第二，全面深化改革要给人民群众带来实实在在的获得感。历史经验表明，人民群众只有从改革中获得真正的实惠，才会真心实意地支持改革。改革越往前推进，触及的利益关系就越复杂，就越需要得到广大人民群众的认可和支持。因此，让人民群众有更多参与感和获得感，是深化改革的支点。改革过程中要更加注重权利公平、机会公平、规则公平，使所有人都能通过自己的努力获得应有利益；要正确处理好最广大人民的根本利益、群众的短期利益和长期利益，以及不同群体的特殊利益的关系，统筹兼顾各方面群众的关切，要让更多的人有机会分享改革成果，让更多的人始终对改革充满信心。

第三，全面深化改革要敢于啃硬骨头，打破固有利益格局。改革已经进入深水区和攻坚期，在具体改革领域推进的过程中，势必会受到既得利益或改革中利益受损群体的阻挠，利益调整越来越成为当前改革绕不过去的问题，需要打破很多已经固化的利益格局，使改革的成果惠及最大多数人。党的十八大报告强调"必须坚持维护社会公平正义"，从人民群众的期待来看，公平公正也是最为迫切的期待。这需要党中央拿出超乎寻常的勇气和魄力，突破利益固化藩篱，引导改革超越既有利益格局，沿着科学路径前行。

第四，全面深化改革要实现"上"与"下"的良性互动。全面深化改革是一个自上而下设计和推进落实的过程，但是贯彻实施改革方案需要上下联动，跨区域跨部门协调配合。顶层设计和基层探索互不排斥、辩证统一，顶层设计要谋划全局、充分调研、反复论证、及时调整、科学决策，基层探索、"摸着石头过河"仍然有着巨大的现实意义。改革能否打高分，得让基层、让群众来评判，将群众的感受和认可作为试金石，能够试出改革是否对准了焦距、击中了要害，能够更加精准地衡量出改革措施是否立得住、站得稳、持续释放正能量。

第三篇
着力补好制度短板　加快转变政府职能*

——2016年改革民意问卷调查研究专题报告二

加快转变政府职能，持续推进简政放权、放管结合、优化服务，是深化供给侧结构性改革的重要途径和任务，有利于提高行政效能，激发市场活力和社会创造力。从人民群众迫切需要解决的突出问题入手，着力补好政府管理方面的制度短板，是加快转变政府职能的有效途径。本报告将基于2016年城镇居民改革民意问卷调查数据，描述和分析受访者对政府工作的满意度，对政府发挥市场监管职能的评价与诉求，对政务公开的评价与诉求等，并提出补好政府管理体制短板的对策建议。

> **要　点**
>
> ◇ 受访者对政府工作总体肯定，但对廉洁自律、办事效率、政务公开的满意度有待进一步提升。
>
> ◇ 受访者对政府发挥市场监管职能状况的满意度有待提高，较不满意的是打击假冒伪劣商品、防止垄断和不正当竞争、互联网交易监管、保障食品药品安全、股市监管等方面状况。
>
> ◇ 消费者权益受损依然普遍；受访者认为，消费者维权的主要困难在于投诉无门、监管严重缺位，维权程序复杂、效率低，相关法律法规不完善。

---

* 执笔人：胡杰成。

◇ 92.3%的人对食品药品安全问题表示非常担心或比较担心。
◇ 受访者对现居住地市政府推行政务公开情况的满意度不高,较不满意的是公开政府财政预算收入和支出的情况。
◇ 91.4%的人认为我国收入差距非常大或比较大;受访者迫切希望政府明显增加低收入劳动者的收入,遏制以权力、行政垄断等不公平因素获取收入。

一、对政府工作的满意度

(一)受访者对政府工作总体肯定,近两年来对政府在依法办事、环境保护、廉洁自律等方面表现的满意度明显上升;但是,比较不同指标来看,对廉洁自律、办事效率、政务公开的满意度有待进一步提升

对于政府工作表现,问卷设置了群众观念、决策能力、办事效率、依法办事等10项评价指标,请受访者作评价。分析表明,在10项指标中,受访者满意度最高的是城市建设,满意度平均分为3.66分,介于"比较满意"与"一般"之间、略偏向前者;其次是经济发展和决策能力,分别为3.55分、3.52分;然后是群众观念,为3.48分。满意度最低的是廉洁自律,为3.16分;次低是办事效率,为3.20分;倒数第三是政务公开,为3.28分(见表3-1)。就表示满意的受访者比例来看,最高的同样是城市建设,为60.3%;然后是经济发展、决策能力,分别为52.4%、49.9%。比例最低的同样是廉洁自律,为36.1%;然后是办事效率、政务公开,分别为38.1%、39.5%(见表3-2)。

比较2016年与2015年调查数据可以发现(见表3-1),虽然受访者对政府廉洁自律、办事效率、政务公开的满意度连续两年在全部指标中处于较低水平,但2016年廉洁自律指标得分明显高于2015年,办事效率、政务公开指标得分也高于2015年;同时,2016年依法办事、环境保护指

表 3-1　　　　　受访者对政府工作的满意度年度比较　　　　（单位：分）

	2015 年	2016 年
群众观念	3.50	3.48
决策能力	3.53	3.52
办事效率	3.11	3.20
依法办事	3.23	3.36
经济发展	3.54	3.55
城市建设	3.65	3.66
民生改善	3.40	3.46
环境保护	3.22	3.35
政务公开	3.17	3.28
廉洁自律	2.97	3.16

表 3-2　　　　　受访者对政府工作表现的满意状况　　　　（单位：%）

	满意	一般	不满意	无法回答
群众观念	47.3	41.5	9.5	1.7
决策能力	49.9	37.5	10.1	2.5
办事效率	38.1	38.4	22.5	1.0
依法办事	45.4	36.4	16.7	1.5
经济发展	52.4	37.5	8.4	1.6
城市建设	60.3	30.1	8.4	1.1
民生改善	49.1	37.4	12.2	1.3
环境保护	45.7	36.6	17.0	0.7
政务公开	39.5	37.3	19.5	3.7
廉洁自律	36.1	36.6	23.2	4.1

注：满意＝非常满意＋比较满意；不满意＝不太满意＋很不满意。

标得分明显高于 2015 年，民生改善指标得分有所上升；受访者对政府在城市建设、经济发展、决策能力方面表现的满意度则连续两年在全部指标中处于较高水平。

将 10 项指标取算术平均值，得到一个新的变量"对政府工作表现的总体满意度"。统计显示，受访者对政府工作表现的总体满意度平均分为 3.41 分，在 1~5 分的取值区间中偏向于肯定的一端。

（二）分不同人群看，对政府工作的总体满意度相对较低的是 26～35 岁人群、文化程度较高人群、特超大城市人群、农村户口或外地户口人群

单因素方差分析表明，城镇居民对政府工作表现的总体满意度受职业、年龄、文化程度、家庭人均月收入、城市规模和户口变量的显著影响（$\alpha = 0.05$，下同）。两两比较发现，分职业看，退休人员的总体满意度相对最高[1]，得分为 3.51 分。分年龄看，最高年龄组 56～64 岁人群的总体满意度相对最高，为 3.57 分；26～35 岁人群相对最低，为 3.29 分。分文化程度看，本科及以上人群、大专人群的总体满意度相对较低，分别为 3.35 分、3.37 分。分家庭人均月收入看，1 001～3 000 元人群的总体满意度相对最高，为 3.48 分。分城市规模看，大城市人群的总体满意度相对最高，为 3.48 分；中小城市人群居中，为 3.41 分；特超大城市人群相对最低，为 3.34 分。分户口看，城镇户口的总体满意度高于农村户口，前者得分为 3.43 分，后者为 3.35 分；本地户口的总体满意度高于外地户口，前者得分为 3.42 分，后者为 3.32 分。

（三）受访者对近几年反腐败工作成效表示高度肯定；分不同人群看，工人、年轻人群、农村户口人群的评价稍低

调查显示，对于我国近几年的反腐败工作成效，受访者中 37.6% 的人认为成效很大，38.3% 的人认为成效较大，合计有 75.9% 的人认为成效大；认为成效一般的占 18.6%；认为成效较小或很小的合计只占 3.8%（见图 3-1）。统计表明，受访者对反腐败工作成效的评价平均分高达 4.10 分，超过了"成效较大"的水平。这说明城镇居民高度肯定党中央近几年开展的党风廉政建设和反腐败斗争的成效。

单因素方差分析表明，城镇居民对反腐败工作成效的评价受职业、年龄、城市规模和户口变量的显著影响。两两比较发现，分职业看，国家干

---

[1] 两两比较如果差异显著，则作高低排序；否则不作高低排序。下同。

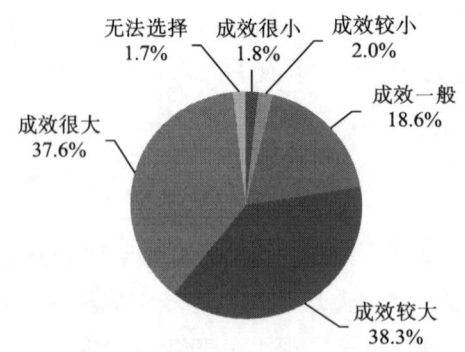

图 3-1　"您认为我国近几年的反腐败工作成效如何？"

部的评价最高，得分为 4.38 分；工人的评价相对偏低，但绝对水平也达到 3.96 分。分年龄看，大致呈现出年龄层次越高评价越高的趋势，56~64 岁人群、46~55 岁人群的得分分别为 4.23 分、4.14 分，18~25 岁人群、26~35 岁人群分别为 3.93 分、3.99 分。分城市看，大城市人群、中小城市人群得分分别为 4.15 分、4.11 分，高于特超大城市人群的 4.01 分。分户口看，城镇户口得分为 4.13 分，高于农村户口的 3.97 分。

二、对政府发挥市场监管职能的评价

（一）受访者对政府发挥市场监管职能状况的总体满意度有待提高，最不满意的是打击假冒伪劣商品、防止垄断和不正当竞争的状况，较不满意的是互联网交易监管、保障食品药品安全、股市监管的状况

加强市场监管是政府的重要职责。调查发现，在问卷所列 10 个方面的监管事项中，受访者的满意度最低的是打击假冒伪劣商品、防止垄断和不正当竞争，得分分别仅为 3.00 分、3.02 分，满意度较低的是对互联网交易的监管、保障食品药品安全、对股票市场的监管，得分分别为 3.07 分、3.09 分、3.11 分；满意度相对较高的是打击非法集资、金融诈骗，为 3.63 分（见图 3-2）。就表示不满意的人数比例来看，位于前列的是打击

假冒伪劣商品、保障食品药品安全、防止垄断和不正当竞争、对互联网交易的监管，比例分别为32.5%、29.0%、24.5%、22.7%；就表示满意的比例来看，较高的是打击非法集资、金融诈骗，打击传销违法行为，分别为57.4%、52.5%（见表3-3）。

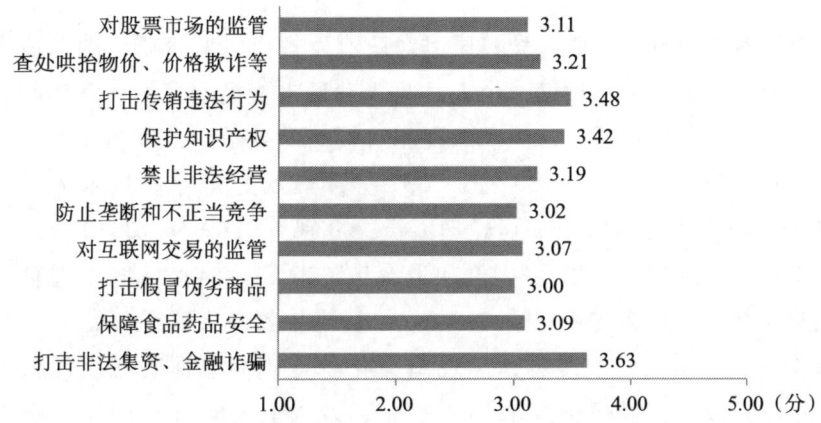

图3-2 受访者对政府发挥市场监管职能的满意度

表3-3　　　　受访者对政府发挥市场监管职能的满意状况　　　（单位：%）

	满意	一般	不满意	无法回答
对股票市场的监管	26.2	38.9	18.5	16.5
查处哄抬物价、价格欺诈等	38.6	37.0	21.6	2.7
打击传销违法行为	52.5	26.9	18.7	1.8
保护知识产权	41.7	42.1	10.1	6.0
禁止非法经营	35.1	40.1	20.7	4.1
防止垄断和不正当竞争	27.0	41.3	24.5	7.2
对互联网交易的监管	27.8	43.7	22.7	5.9
打击假冒伪劣商品	32.1	34.6	32.5	0.8
保障食品药品安全	35.4	34.9	29.0	0.7
打击非法集资、金融诈骗	57.4	28.2	12.2	2.1

注：满意=非常满意+比较满意；不满意=不太满意+很不满意。

将以上10项指标取算术平均值，得到一个新的变量"对政府发挥市场监管职能的总体满意度"。统计显示，受访者对政府发挥市场监管职能的总体满意度平均分为3.25分，满意度不高。

(二) 分不同人群看，对政府发挥市场监管职能状况较不满意的是专业技术人员、国家干部、经理人员和高收入人群、高文化程度人群等

单因素方差分析表明，城镇居民对政府发挥市场监管职能的总体满意度受职业、年龄、文化程度、个人月收入和城市规模变量的显著影响。两两比较发现，分职业看，总体满意度相对较高的是学生人群和无业失业半失业人员，得分分别为 3.39 分、3.37 分；最低的是专业技术人员，为 3.03 分；较低的是国家干部、经理人员，分别为 3.09 分、3.10 分。分年龄看，最低年龄组 18~25 岁人群和最高年龄组 56~64 岁人群的总体满意度相对较高，分别为 3.43 分、3.34 分；其他年龄段人群得分处于 3.18~3.22 分之间。分文化程度看，呈现出文化程度越高总体满意度越低的趋势，小学及以下人群得分为 3.45 分，本科及以上人群为 3.10 分。分个人月收入看，5 001 元及以上人群的总体满意度相对较低，得分为 3.09 分。分城市规模看，特超大城市人群的总体满意度较低，得分为 3.14 分，大城市人群、中小城市人群分别为 3.26 分、3.29 分。

(三) 消费者权益受侵害问题依然普遍存在；受访者认为，目前消费者维权的主要困难在于投诉无门、监管严重缺位，维权程序复杂、效率低，相关法律法规不完善

调查显示，在消费者权益方面，过去一年中，62.3% 的受访者遇到过侵犯自身消费者权益的事情（如虚假宣传、假冒伪劣商品、价格欺诈、霸王条款、侵犯个人信息等），其中，46.0% 的人遇到过 1~2 次，10.8% 的人遇到过 3~4 次，遇到过 5 次及以上的人占 5.5%（见图 3-3）。可见，消费者权益受侵害问题目前在我国普遍存在。

"12315" 是国家工商行政管理部门在全国设立的专门受理消费者投诉举报的专用电话号码。调查显示，82.7% 的受访者表示知道这一电话号码及其用途。这表明 "12315" 这一消费者维权渠道已为绝大部分城镇居民所了解。但是，进一步交叉分析发现，分文化程度看，小学及以下人群中

49.1%的人表示不知道"12315"的用途,远远高于其他更高文化程度人群的同项比例。这说明,应大力加强对低文化程度者的消费者维权渠道宣传。

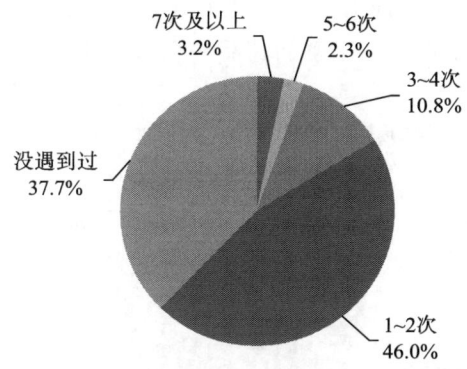

图3-3 "过去一年中,您是否遇到过侵犯自身消费者权益的事情?"

关于消费者维权过程中面临的最大困难,28.9%的人回答是投诉无门、监管严重缺位,25.8%的人回答是维权程序复杂、效率低,22.0%的人回答是相关法律法规不完善,这三项合计比例达到76.8%(见图3-4),本质上都属于消费者维权的制度化渠道不畅通、政府监管不健全问题。

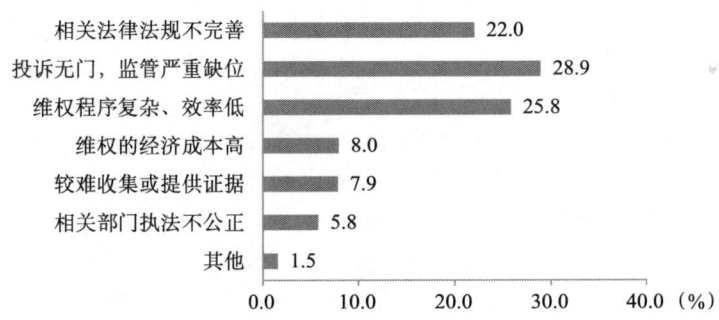

图3-4 "您觉得消费者在维护自身权益的过程中,面临的最大困难是?"

(四)目前受访者极为担心食品药品不安全问题,迫切希望政府大力加强监管和处罚力度

调查表明,对于食品药品不安全问题,受访者中表示非常担心的比例

达到65.2%，表示比较担心的占27.1%，合计有92.3%的人表示担心；表示不太担心或不担心的合计仅占2.1%（见图3-5）。统计显示，受访者对食品药品不安全问题的担心度平均分高达4.55分（5分为最大值，表示非常担心）。显然，目前城镇居民极其担心食品药品不安全问题。居民巨大不安全感的深层根源在于食品药品安全监管体制的不健全。

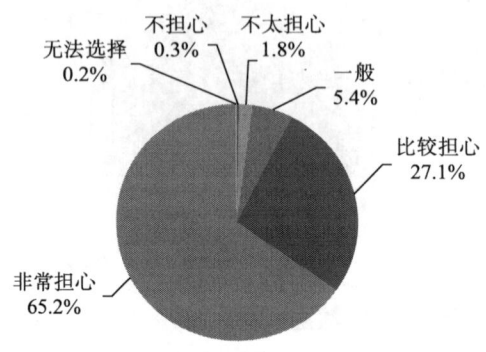

图3-5 受访者对食品药品不安全的担心状况

关于改善我国食品安全状况的最重要措施，57.5%的人认为是明显加大政府监管和处罚力度，人数比例明显高于其他选项；15.0%的人认为是强化对政府相关负责人和部门的责任追究，14.1%的人认为是促进食品生产者道德自律（见图3-6）。可见，居民迫切希望政府明显加大食品安全方面的监管和处罚力度。

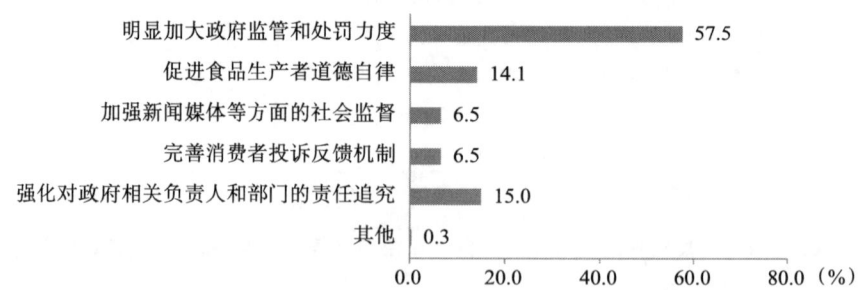

图3-6 "您认为，为了改善我国食品安全状况，最重要的措施是？"

三、对政务公开的评价、参政议政意愿

(一) 受访者对现居住地市政府推行政务公开情况的满意度不高,较不满意的是公开政府财政预算收入和支出的情况

全面推进政务公开,有利于增强政府公信力和执行力,发展社会主义民主政治,提升国家治理能力。调查显示,在问卷所列4项政务公开事项中,受访者的满意度最低的是公开政府财政预算收入和支出的情况,平均分为3.12分;满意度较低的是公布政府权力范围和责任范围的情况,重大政策措施、重大工程项目在决策前征求群众意见的情况,分别为3.27分、3.28分;满意度相对较高的是发生重大突发事件时,公布事件进展、政府举措和处理结果的情况(见图3-7)。从表示满意的人数比例看,最低的也是公开政府财政预算收入和支出的情况,比例为29.6%(见表3-4)。总的来看,受访者对现居住地市政府推行政务公开情况的满意度不高。

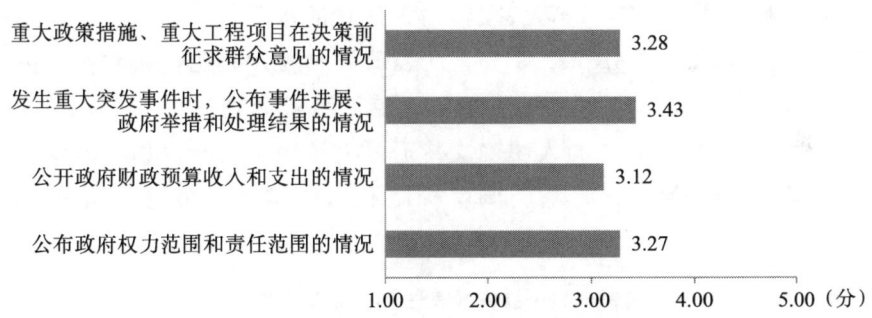

图3-7 受访者对现居住地市政府推行政务公开的满意度

表3-4 受访者对现居住地市政府推行政务公开的满意状况 (单位:%)

	满意	一般	不满意	无法回答
重大政策措施、重大工程项目在决策前征求群众意见的情况	37.6	39.8	17.9	4.7
发生重大突发事件时,公布事件进展、政府举措和处理结果的情况	45.4	38.8	12.2	3.6

续表

	满意	一般	不满意	无法回答
公开政府财政预算收入和支出的情况	29.6	41.0	20.7	8.7
公布政府权力范围和责任范围的情况	35.9	41.1	15.2	7.8

注：满意＝非常满意＋比较满意；不满意＝不太满意＋很不满意。

（二）受访者认为目前老百姓向政府表达意见的渠道有待进一步畅通，接近40%的人明确支持通过上访表达自身意愿

调查显示，关于目前老百姓向政府表达意见的渠道是否畅通，受访者中9.4%的人认为非常畅通，26.9%的人认为比较畅通，合计有36.3%的人认为畅通；认为畅通度一般的占35.8%；认为不太畅通的占17.4%，不畅通的占8.6%，合计占26.0%。分析表明，受访者对老百姓向政府表达意见渠道的畅通度评价平均分为3.11分，略微高于"一般"水平。可见，总体上，城镇居民认为目前老百姓向政府表达意见的渠道不够畅通。

对于一些表达自身意愿的方式，受访者的赞成度最高的是媒体曝光，平均分为3.63分；赞成度最低的是罢工和游行示威，分别为2.03分、2.14分，处于或接近于"不太赞成"（2分）的水平；对上访、公开集会的赞成度分别为3.09分、2.78分。从表示赞成的人数比例来看，媒体曝光高达58.8%，上访为38.9%，罢工、游行示威分别仅为7.1%、9.1%（见表3-5）。接近40%的人明确支持通过上访表达自身意愿，这值得深思，可能说明社会矛盾的基层调解机制和司法解决机制还需要进一步健全。

表3-5　　受访者对通过一些方式表达自身意愿的赞成状况　　（单位:%）

	赞成	一般	不赞成	无法选择
公开集会	26.6	26.2	44.5	2.7
游行示威	9.1	18.2	69.6	3.1
罢工	7.1	16.8	72.6	3.5
上访	38.9	28.4	30.0	2.7
媒体曝光	58.8	22.9	15.2	3.1

注：赞成＝非常赞成＋比较赞成；不赞成＝不太赞成＋很不赞成。

四、对政府促进共同富裕职能的看法

（一）91.4%的人认为目前我国收入差距非常大或比较大；受访者认为缩小我国收入差距的主要途径是明显增加低收入劳动者的收入，遏制以权力、行政垄断等不公平因素获取收入

调查显示，关于目前我国的收入差距，57.1%的人认为非常大，34.3%的人认为比较大，合计有91.4%的人认为目前收入差距大（见图3-8）；认为非常小或比较小的合计仅占1.0%。显然，不论客观上我国收入差距的大小，城镇居民主观上一致认为目前我国收入差距大，其中暗含着居民对目前收入差距的不满。缩小收入差距、形成合理有序的收入分配格局依然任重道远。

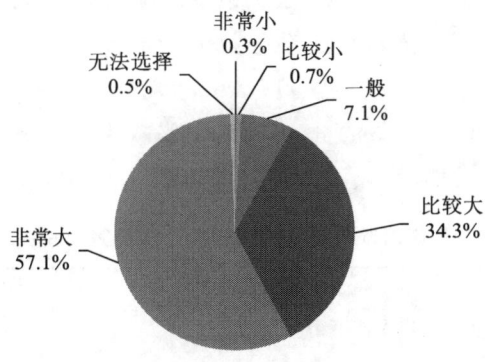

图3-8 "您觉得目前我国的收入差距？"

关于缩小我国收入差距的最重要途径，受访者中48.8%的人认为是明显增加低收入劳动者的收入，比例明显高于其他选项；其次是遏制以权力、行政垄断等不公平因素获取收入，占25.0%；再次是扩大中等收入者所占的比重，占11.8%（见图3-9）。

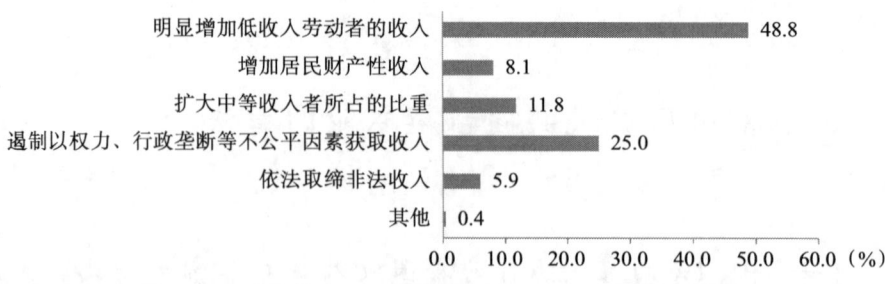

图3-9 "您认为,为缩小我国收入差距,最重要的是?"

(二)受访者普遍认为,困难人群在享有社会福利权利的同时,应承担主动寻找工作、加强文化技能学习、参加公益劳动等社会责任

促进共同富裕是政府的重要职责,而为困难人群提供经济帮助,如扶贫支持,最低生活保障、特困人员救助、医疗救助等社会救助,则是政府发挥此项职能的重要途径和方式。那么,困难人群在接受政府帮助、享有社会福利权利的同时,是否也应该承担一定的责任和义务呢?问卷列出了关于政府扶贫济困的一些相关说法,请受访者表明是否赞同。调查显示,86.0%的人赞同"困难人群应主动寻找力所能及的工作",85.0%的人赞同"困难人群应加强文化技能学习",67.8%的人赞同"困难人群应积极参加公益劳动"(见表3-6),这表明居民普遍认为困难人群应承担主动寻找工作、加强文化技能学习、参加公益劳动等社会责任。

表3-6 受访者对政府扶贫济困相关说法的赞同状况 (单位:%)

	赞同	一般	不赞同	无法选择
扶贫济困是政府的责任,困难人群不必承担什么义务	37.1	20.9	40.7	1.4
困难人群也已依法纳税,不必为接受政府帮助另尽义务	26.5	28.8	41.7	2.9
困难人群能力有限,承担不了什么义务	31.8	26.2	39.2	2.7
困难人群应积极参加公益劳动	67.8	22.3	8.1	1.8
困难人群应加强文化技能学习	85.0	11.9	2.4	0.7
困难人群应主动寻找力所能及的工作	86.0	11.0	2.3	0.6

注:赞同=非常赞同+比较赞同;不赞同=不太赞同+很不赞同。

而对于"困难人群也已依法纳税,不必为接受政府帮助另尽义务""扶贫济困是政府的责任,困难人群不必承担什么义务""困难人群能力有限,承担不了什么义务",表示不赞同的人数比例分别为41.7%、40.7%、39.2%,均高于相应的表示赞同的比例,这表明受访者不太接受这些观点,而更倾向于困难人群在享有社会福利权利的同时,应承担一定的义务。

五、结论与建议

(一) 主要结论

第一,受访者对政府工作总体肯定,但对廉洁自律、办事效率、政务公开的满意度有待进一步提升。受访者近两年来对政府在依法办事、环境保护等方面表现的满意度明显上升。这说明以习近平同志为核心的党中央近年在推进依法治国、生态文明建设等方面的众多举措及成效,得到了广大人民群众的充分认可。受访者对政府廉洁自律的满意度也呈上升趋势,对反腐败工作成效表示高度肯定,这反映了我党加强党风廉政建设和反腐败斗争取得巨大成效,但同时值得重视的是,受访者对政府廉洁自律的满意度绝对水平仍然不高,说明与人民群众的高度期待相比,推进全面从严治党、建设廉洁政府依然任重道远。另外,受访者对政府在办事效率、政务公开方面表现的满意度也持续低位,这对加强相关制度建设、补好制度短板提出了迫切要求。

第二,受访者迫切希望政府加强市场监管,重点包括打击假冒伪劣商品、防止垄断和不正当竞争、完善互联网交易监管和股市监管、保障食品药品安全等。建立科学、有效的市场监管体系不仅是营造良好市场环境的重要基础,而且是保障群众合法权益和切身利益的必然要求。加强市场监管是政府的重要职责。调查表明受访者对政府发挥市场监管职能的现状并不满意,尤其是对上述方面存在的问题意见较大;调查同时发现消费者权益受损问题依然普遍存在。这要求我国政府管理体制改革在大力推进简政放权的同时,加强事中事后监管,切实做好放管结合、优化服务工作。

第三,在政务公开方面,受访者最希望的是公开财政预算收入和支出、公开政府权力和责任范围、完善重大公共决策对群众意见的征求。党中央、国务院高度重视政务公开,作出了一系列重大部署。近年来政务公开工作取得积极成效,特别是在公布政府权责清单方面取得较大进展。但调查结果表明,新时期人民群众的民主意识、法治意识及公民意识都明显增强,日益关心政府预算透明、权责明确、决策民主及自身相关权益保障,与人民群众的期待相比,与我国建设法治政府和服务型政府的要求相比,目前政务公开工作还存在较大差距。

第四,受访者强烈期待政府缩小收入差距,特别是要明显增加低收入劳动者的收入,遏制以权力、行政垄断等非市场因素获取收入。高达91.4%的受访者认为目前我国收入差距非常大或比较大。尽管受访者的主观判断不一定完全符合我国收入差距的客观实际,但其中包含着他们对缩小收入差距的强烈期待。同时,受访者认为,低收入者等困难人群一方面有接受政府帮助的权利,另一方面也应承担主动寻找工作、加强文化技能学习等社会责任。这表明积极的社会福利观深入人心,消极的福利依赖不被认可。对部分人以权力、行政垄断等非市场因素获取收入的不满,则体现了受访者对公平合理的收入分配机制的期待。

(二) 对策建议

第一,坚持全面从严治党,构建不敢腐、不能腐、不想腐的有效机制。严明党的纪律和规矩,落实党风廉政建设主体责任和监督责任,推动问责制度落地生根,加大责任追究力度,切实做到有腐必反、有贪必肃,使党员干部不敢腐。坚持依法行政,把权力关进法制的笼子,健全管权、管事、管钱、管人的体制机制,让权力在阳光下运行,确保政府权力不逾越法制鸿沟,确保党员干部不能腐。完善党员干部理想信念教育机制,使党员干部不忘初心、坚守正道、弘扬正气,永葆共产党人清正廉洁的政治本色,真正做到不想腐。

第二,以"制度+信息技术"为支撑,建设透明高效的政府。健全政务公开制度,修订政府信息公开条例,完善政务公开内容、方式、程序、平台、时限等相关标准。积极回应群众关切，进一步推进财政预算收支、政府权责范围、重大公共决策等公开透明。优化政府组织结构和管理流程，在政府内部管理中合理导入市场机制，通过有效的激励和约束机制，提高政府办事效率。充分运用互联网、大数据等现代信息技术改善政府治理。加快推进"互联网＋政务"，构建基于互联网的一体化政务服务体系。利用政务微博微信等新平台扩大信息传播。

第三，围绕群众迫切希望解决的突出问题，尽快完善市场监管体制机制。对制售假冒伪劣违法行为探索实行惩罚性巨额赔偿制度。完善消费维权机制，严格落实缺陷产品召回制度，全面推行消费争议先行赔付。努力提高"12315"消费维权工作效能。进一步破除各种形式的行政垄断。围绕群众关切的重点领域，加强反垄断和反不正当竞争执法。建立健全互联网交易监管规章制度，加强对网店主体资格、商品信息及质量的把控，不断创新网络市场监管的方式方法。深化金融监管体制改革，切实保护金融消费者合法权益。完善食品药品安全监管体制机制，加大执法和惩罚力度，使生产企业不想、不能、不敢以身试法。

第四，健全再分配调节机制，明显增加低收入劳动者的收入。完善以税收、社会保障、转移支付为主要手段的再分配机制。优化公共资源配置，着力缩小群体之间、部门之间、区域之间基本公共服务发展差距。加大对经济落后地区、经济下行压力加大地区、资源枯竭地区的转移支付力度。强化社会救助、扶贫政策、社会福利等社会政策的托底保障功能，减轻低收入群体社会保险缴费负担，保障弱势群体的合法劳动权益，完善精准托底体制机制，激发低保户、贫困户等政策帮扶人群的内生动力，防止福利依赖。

第四篇
精准把握群众需求
切实增加公共服务供给*

——2016年改革民意问卷调查研究专题报告三

供给侧结构性改革,最终目的是满足需求,主攻方向是提高供给质量,根本途径是深化改革。增加公共服务供给,满足人民群众日益增长的公共服务需求,是深入推进供给侧结构性改革、实施"十三五"规划的重要任务。本报告将基于2016年城镇居民改革民意调查数据,分析受访者对基本公共服务的满意状况,对就业、教育、医疗卫生、养老、住房等服务的需求,以及不同人群之间的差异,并提出精准对接群众需求、切实增加公共服务供给的政策建议。

> **要　点**
>
> ◇ 在基本公共服务中,受访者满意度较高的是人口和计划生育服务、公共教育,偏低的是社会服务、残疾人服务、住房保障和劳动就业服务。
> ◇ 受访者认为,对下岗失业人员最重要的安置政策是提供再就业机会,落实失业保险、低保等社会保障待遇,加强就业创业服务和技能培训。

* 执笔人:胡杰成。

◇ 在医疗卫生方面，受访者迫切期待解决医疗费用及药品价格不合理、医疗行业监管不健全、基层医疗卫生发展滞后等问题。
◇ 受访者目前最需要的养老服务是医疗保健和基本生活照料等，社区养老依托功能较弱是养老服务的最大"短板"。
◇ 受访者认为，房地产去库存最应该采取的政策是降低房价、政府给予购房补贴或减免税费。
◇ 进一步释放居民消费需求应重点从子女教育、养老、医疗健康、旅游和住房等领域着手。
◇ 高收入、高文化程度人群和特超大城市人群对公共服务的需求层次高、满意度低，对教育发展的不满较为突出。

一、对基本公共服务的满意度

（一）总的来看，受访者对目前基本公共服务的满意度不高；分不同方面看，满意度最低的是基本社会服务，较低的是残疾人基本公共服务、基本住房保障、劳动就业服务，相对较高的是人口和计划生育服务、基本公共教育

问卷依据国家相关规划，将基本公共服务分为基本公共教育、劳动就业服务、社会保险、基本社会服务等9个方面，分别了解受访者对不同服务的满意状况。基于调查数据的分析表明，对于9个方面的基本公共服务，受访者满意度最高的是人口和计划生育、基本公共教育，满意度平均分分别为3.71分、3.70分；满意度最低的是基本社会服务（城乡低保和特困、医疗、养老、困境儿童等方面社会救助），得分为3.28分；较低的是残疾人基本公共服务、基本住房保障、劳动就业服务，分别为3.33分、3.34分、3.35分（见图4-1）。

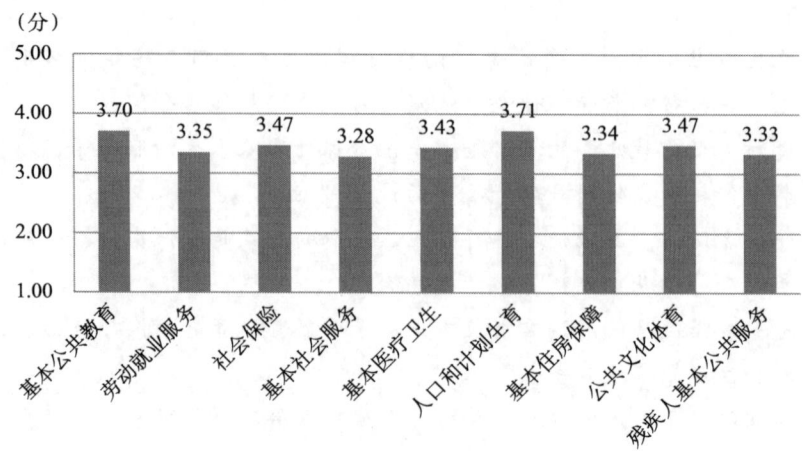

图 4-1　受访者对目前基本公共服务的满意度

就表示满意的受访者比例来看,最高的同样是基本公共教育、人口和计划生育,分别为 59.3%、59.2%;比例最低的是基本社会服务,仅为 38.1%。就表示不满意的比例来看,最高的是基本社会服务,为 18.9%(见表 4-1)。

将以上 9 个方面的满意度变量取算术平均,得到一个新的变量"对基本公共服务的总体满意度"。统计显示,受访者对基本公共服务的总体满意度平均分为 3.48 分,介于"一般"与"比较满意"之间,满意度不高。

表 4-1　受访者对目前基本公共服务的满意状况　　　　(单位:%)

	满意	一般	不满意	无法回答
基本公共教育	59.3	32.4	7.1	1.3
劳动就业服务	40.2	44.3	14.1	1.4
社会保险	48.3	36.6	13.7	1.5
基本社会服务	38.1	37.8	18.9	5.2
基本医疗卫生	47.0	39.4	13.0	.7
人口和计划生育	59.2	30.0	8.1	2.7
基本住房保障	41.7	41.1	15.4	1.8
公共文化体育	46.9	39.4	11.5	2.1
残疾人基本公共服务	39.8	37.3	16.8	6.1

注:满意 = 非常满意 + 比较满意;不满意 = 不太满意 + 很不满意。

（二）分不同人群看，对基本公共服务的总体满意度相对较低的是个体私营经营者和经理人员、26~55 岁人群、家庭人均月收入较高人群、特超大城市人群等

不同人群对基本公共服务的总体满意度是否存在差异呢？单因素方差分析表明，城镇居民对基本公共服务的总体满意度受职业、年龄、文化程度、家庭人均月收入、城市规模变量的显著影响（$\alpha = 0.05$，下同）。两两比较发现，分职业看，学生人群的总体满意度相对最高，得分为 3.65 分；退休人员和国家干部其次，分别为 3.58 分、3.55 分；个体私营经营者和经理人员相对最低，均为 3.40 分。

分年龄看，最高年龄组 56~64 岁人群和最低年龄组 18~25 岁人群的总体满意度相对较高，分别为 3.64 分、3.58 分，其他年龄组相对较低，26~35 岁人群、36~45 岁人群、46~55 岁人群分别为 3.41 分、3.41 分、3.45 分。

分文化程度看，小学及以下人群的总体满意度相对最高，得分为 3.67 分，其他更高文化程度组的得分处于 3.45~3.49 分之间。

分家庭人均月收入看，中间收入组 1 001~3 000 元人群的总体满意度相对最高，得分为 3.54 分，最高收入组 5 001 元及以上人群相对最低，为 3.42 分。

分城市看，大城市人群相对最高，得分为 3.56 分，中小城市人群居中，为 3.48 分，特超大城市人群相对最低，为 3.39 分。

二、对就业和教育服务的需求

（一）在劳动就业服务方面，受访者最希望政府加强劳动权益保护、就业技能培训和创业资金扶持；分人群看，特别期待就业技能培训的是国家干部、36~45 岁人群等，特别期待创业资金扶持的是个体私营经营者、18~45 岁人群、农村户口人群等

调查显示，在劳动就业服务方面，受访者最希望政府提供的服务是

"保护劳动权益"和"就业技能培训",选择比例分别为25.7%、23.7%(见图4-2);其次是"创业资金扶持",占17.8%。这表明城镇居民目前最希望政府加强劳动权益保护、就业技能培训、创业资金扶持等服务。

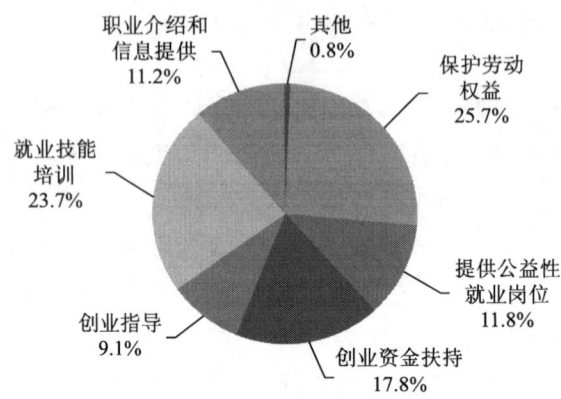

图4-2　"您最希望政府提供哪方面的劳动就业服务?"

分职业看,国家干部最希望政府加强"就业技能培训",选择人数比例高达35.5%;个体私营经营者最希望加强"创业资金扶持",选择比例达到31.8%;学生人群最希望加强"就业技能培训",选择比例为25.4%。

分年龄看,18~45岁人群比其他更高年龄人群更希望政府加强"创业资金扶持",18~25岁人群、26~35岁人群、36~45岁人群的选择比例分别为21.2%、24.0%、21.3%;36~45岁人群更希望加强"就业技能培训",选择比例为27.3%;56~64岁人群更希望政府"保护劳动权益",选择比例达到34.0%。

分文化程度看,文化程度越低,越希望政府"保护劳动权益",小学及以下人群的此项比例高达32.2%;文化程度越高,越希望加强"就业技能培训",本科及以上人群的此项比例为27.3%。

分户口看,农村户口人群比城镇户口人群更希望政府加强"创业资金扶持",选择比例分别为26.7%、15.7%;外地户口人口比本地户口人群更希望加强"创业资金扶持",选择比例分别为24.2%、17.1%,但后者比前者更希望加强"就业技能培训",选择比例分别为24.2%、19.2%。

（二）受访者认为，对下岗失业人员而言最重要的安置政策是提供再就业机会，落实失业保险、低保等社会保障待遇，加强就业创业服务和技能培训；低文化程度人群、低家庭收入人群、无业失业半失业人员特别看重落实失业保险、低保等社会保障待遇

调查显示，受访者认为，对于下岗失业人员来说，最重要的安置政策是"提供再就业机会"和"落实失业保险、低保等社会保障待遇"，选择人数比例分别为34.0%、31.2%；然后是"加强就业创业服务和技能培训"，占20.1%（见图4-3）。三项合计占比达到85.3%。

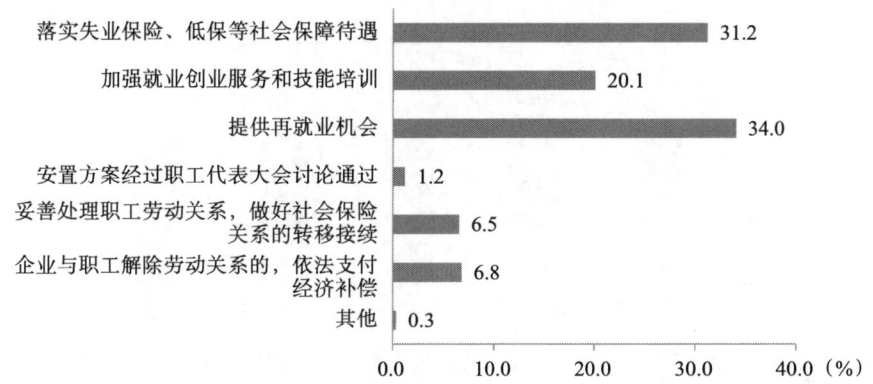

图4-3 "您认为，对下岗失业人员来说，最重要的安置政策是？"

分职业看，无业失业半失业人员认为最重要的安置政策是"落实失业保险、低保等社会保障待遇"，选择比例为36.8%；其次是"提供再就业机会"，占31.5%；再次是"加强就业创业服务和技能培训"，占17.2%。

分文化程度看，文化程度越低，认为最重要的是"落实失业保险、低保等社会保障待遇"的人数比例越高，本科及以上人群为22.8%，高中或中专人群为33.7%，小学及以下人群高达40.9%。

分家庭人均月收入看，收入层次越低，认为最重要的是"落实失业保险、低保等社会保障待遇"的人数比例越高，5 001元及以上人群为27.1%，500元及以下人群、501~1 000元人群均为39.3%。

分城市看，特超大城市人群比其他城市人群更看重"提供再就业机会"，选择比例为36.9%；中小城市人群比其他城市人群更看重"落实失

业保险、低保等社会保障待遇",比例为33.3%。

(三)在教育方面,对目前我国教育发展的总体满意度较低的是特超大城市人群、高收入人群、高文化程度人群、专业技术人员和经理人员等;受访者对职业教育、学前教育最不满意

城镇居民对于目前我国教育发展现状的满意度如何呢?基于调查数据的分析表明,受访者对职业教育、学前教育的满意度相对较低,满意度得分分别为3.45分、3.50分;对义务教育的满意度相对较高,得分为3.83分;高中教育、大学教育的满意度得分分别为3.60分、3.58分(见图4-4)。

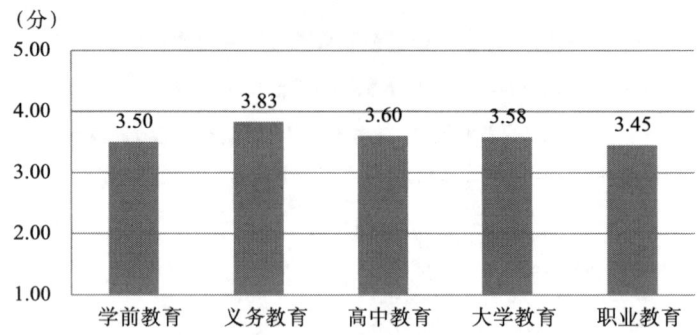

图4-4 受访者对目前我国教育发展的满意度

将以上5个方面的满意度变量取算术平均,得到一个新的变量"对教育发展的总体满意度"。统计显示,受访者对教育发展的总体满意度平均分为3.61分。分析表明,城镇居民对教育发展的总体满意度受职业、年龄、文化程度、个人月收入、城市规模、地区、户口是否本地变量的显著影响。

分职业看,学生人群对教育发展的总体满意度相对最高,得分为3.88分;退休人员其次,为3.69分;专业技术人员、经理人员相对最低,分别为3.47分、3.48分;个体私营经营者次低,为3.55分。

分年龄看,18~25岁人群对教育发展的总体满意度相对最高,满意度得分为3.82分;36~45岁人群相对最低,为3.50分。

分文化程度看,呈现出文化程度越高,对教育发展的总体满意度越低的趋势。小学及以下人群为3.78分,本科及以上人群为3.51分。

分个人月收入看，最低收入组 500 元及以下人群的满意度相对最高，得分为 3.74 分；最高收入组 5 001 元及以上人群相对最低，为 3.47 分。

分城市看，大城市人群的满意度相对最高，为 3.71 分；特超大城市人群相对最低，为 3.44 分；中小城市人群居中，为 3.63 分。

分地区看，东部人群的满意度相对较高，为 3.65 分；中部人群、西部人群分别为 3.57 分、3.55 分。

分户口看，本地户口人群的满意度高于外地户口人群，前者得分为 3.62 分，后者为 3.49 分。

（四）受访者认为，我国义务教育存在的突出问题是优质教育资源供给不足且分布不均衡、教育质量低尤其是培养创新思维不够、农民工子女平等受教育权利缺失等；特别强调优质教育资源供给不足且分布不均衡的是国家干部、高文化程度人群、高家庭收入人群

调查显示，对于我国义务教育存在的最大问题，受访者中认为是"优质的教育资源太少，分布不均衡"的占 27.6%；认为是"进城农民工子女享受不到平等受教育权利"的占 20.3%；认为是"教育方式落后，不能培养学生的创新思维""教师队伍综合素质差"的分别占 15.4%、13.2%，这两项都属于对教育质量的不满，合计占 28.6%；认为是"中小学课业负担太重"的占 17.2%（见图 4-5）。这表明，城镇居民认为，目前我国义务教育存在的突出问题是优质教育资源供给不足且分布不均衡、教育质量较低尤其是培养创新思维不够、农民工子女平等受教育权利缺失等。

分职业看，国家干部中认为最大问题在于"优质的教育资源太少，分布不均衡"的占到 45.7%；学生人群认为最突出的问题在于"教育方式落后，不能培养学生的创新思维"，选择比例为 30.0%。

分文化程度看，本科及以上人群中认为最大问题在于"优质的教育资源太少，分布不均衡""教育方式落后，不能培养学生的创新思维"的分别占 36.9%、23.8%，都明显高于其他人群的相应比例。

分家庭人均月收入看，家庭人均月收入越高，认为最大问题是"优质的教育资源太少，分布不均衡"的比例越高，500 元及以下人群为

18.8%，5 001元及以上人群为30.6%。

分户口看，农村户口人群中认为最大问题是"进城农民工子女享受不到平等受教育权利"的比例达30.9%，不仅高于城镇户口人群的此项比例（17.8%），而且高于农村户口人群选择其他选项的比例。

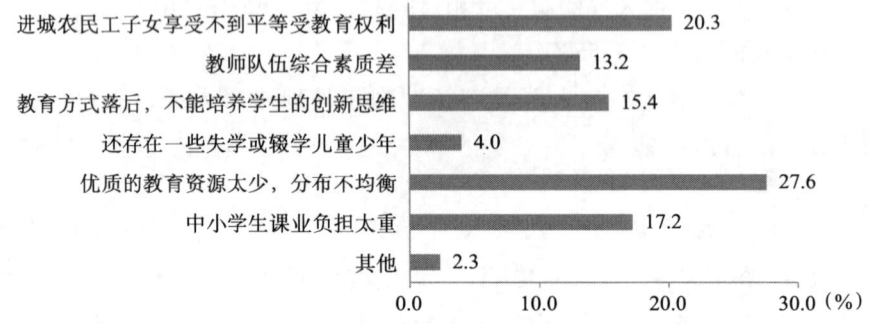

图4-5 "您认为目前我国九年义务教育存在的最大问题是？"

（五）受访者认为，我国高等教育存在的突出问题在于专业设置与社会需求脱节、不能培养创新精神和能力、过于强调理论教学忽视实践应用、城乡学生入学机会不均等；特别强调高等教育的创新性不够的是经理人员、文化程度较高人群、收入较高人群

调查显示，对于我国高等教育存在的最大问题，受访者中认为是"专业设置与社会需求脱节""不能培养学生的创新精神和能力""过于强调理论教学，忽视实践应用"的分别占19.4%、19.0%、18.5%，认为是"农村学生与城镇学生考入大学的机会不均等""部分院校教学质量差"的分别占17.2%、15.3%（见图4-6）。可见，城镇居民认为高等教育存在的突出问题在于教育的应用性、创新性、公平性等不够。

分职业看，经理人员中选择"不能培养学生的创新精神和能力"的占28.8%，明显高于其他人群的相应比例。

分年龄看，年龄层次越低，选择"过于强调理论教学，忽视实践应用"的比例越高，56~64岁人群的选择比例为13.9%，18~25岁人群为26.7%。

分文化程度看，小学及以下人群、初中人群选择"农村学生与城镇学生考入大学的机会不均等"的比例分别为25.7%、25.2%，明显高于其他人群的相应比例；本科及以上人群、大专人群选择"不能培养学生的创新精神和能力"的比例分别为23.0%、23.1%，明显高于其他人群的相应比例。

分家庭人均月收入看，收入层次越低，选择"农村学生与城镇学生考入大学的机会不均等"的比例越高，500元及以下人群、501~1000元人群分别为27.4%、25.1%，5001元及以上人群仅为11.2%；收入层次越高，选择"不能培养学生的创新精神和能力"的比例越高，500元及以下人群为14.5%，5001元及以上人群、3001~5000元人群分别为22.2%、21.8%。

分户口看，农村户口人群选择"农村学生与城镇学生考入大学的机会不均等"的比例为27.7%，高于城镇户口人群的14.7%；选择"不能培养学生的创新精神和能力"的比例为15.7%，低于城镇户口人群的19.8%。

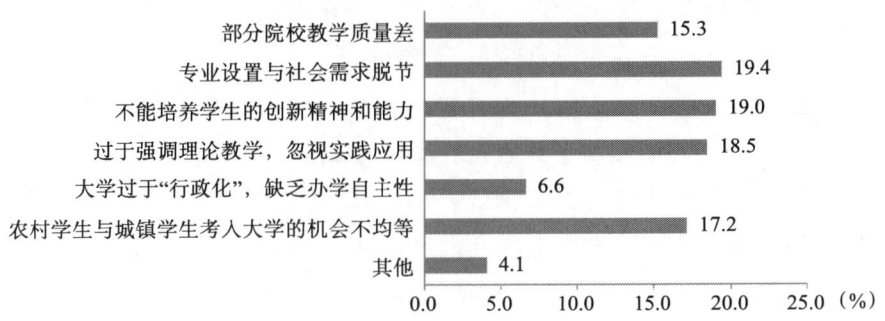

图4-6　"您认为目前我国高等教育存在的最大问题是？"

三、对医疗卫生服务的需求

（一）受访者认为，现居住城市医疗卫生服务存在的主要问题是医疗费用及药品价格不合理，医院存在滥检查、滥开药、开贵药等现象，医生职业道德和服务态度存在问题等；特别强调医疗费用及药品价格不合理的是退休人员、家庭收入较低人群等

调查显示，受访者认为，现居住城市医疗卫生服务存在的最突出问题是"医疗费用及药品价格不合理"，选择人数比例达到53.5%，其次是

"医院存在滥检查、滥开药、开贵药等现象",比例为44.1%;另外,认为是"医生职业道德和服务态度存在问题""基层社区医疗卫生机构发展滞后""医疗水平低"的分别占27.5%、25.3%、23.2%(见图4-7)。

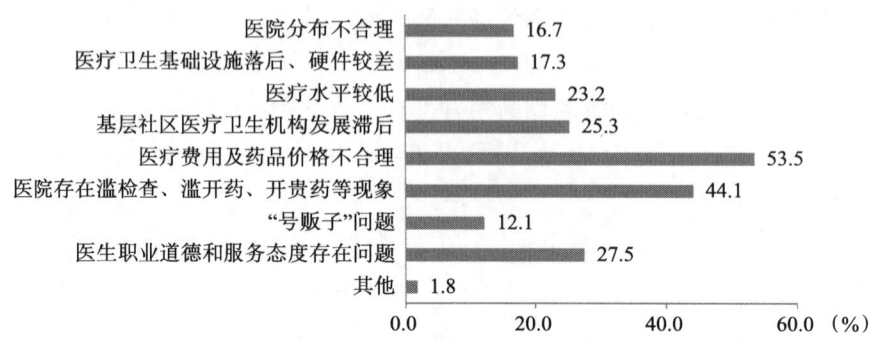

图4-7 "您现居住城市医疗卫生服务存在的主要问题是?"
(多选题,个案百分比)

分职业看,退休人员中认为主要问题是"医疗费用及药品价格不合理"的占65.5%,明显高于其他人群选择此项的比例。

分年龄看,年龄层次越高,认为主要问题是"医疗费用及药品价格不合理"的比例越高,18~25岁人群为39.0%,56~64岁人群为63.3%。

分家庭人均月收入看,收入层次越低,认为主要问题是"医疗费用及药品价格不合理"的比例越高,5 001元及以上人群为48.6%,而500元及以下人群、501~1 000元人群分别达到63.2%、61.6%。

分城市看,特超大城市人群、大城市人群中认为主要问题是"医疗费用及药品价格不合理"的分别占55.5%、56.3%,高于中小城市人群的50.8%。

(二)受访者认为,基层社区医疗卫生机构存在的主要问题是缺乏全科医生等人才、医疗硬件设施不完善、医疗水平较低;对于民营医院,政府最应该做的是加强监管、提高服务质量,解决看病贵的问题

调查显示,受访者认为基层社区医疗卫生机构存在的最主要问题是"缺乏全科医生等人才",43.0%的人选择此项,远高于选择其他选项的比例;选择"医疗硬件设施不完善""医疗水平较低"的均占22.2%;选择

"药品种类太少"的占9.2%(见图4-8)。

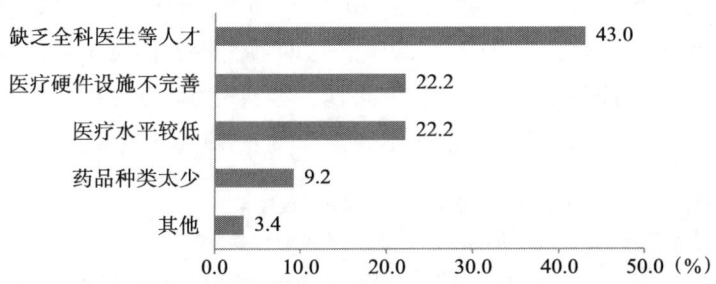

图4-8 "您认为基层社区医疗卫生机构存在的主要问题是?"

调查显示,受访者认为,对于民营医院,政府最应该加强的政策是"加强对民营医院的监管,提高服务质量,保障医疗安全",32.1%的人选择此项;其次是"解决看病贵的问题",占28.6%。另外,选择"实行非营利性民营医院与公立医院同等政策待遇""加大对虚假宣传、非法行医等行为的处罚力度"的分别占10.3%、10.0%,后者实际上也属于要加强对民营医院的监管(见图4-9)。

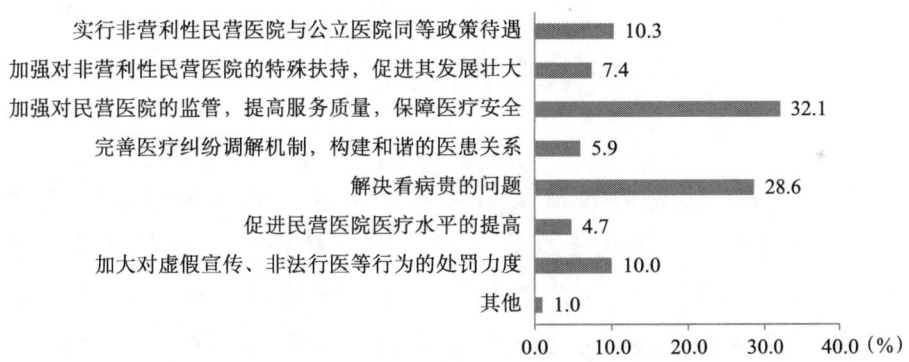

图4-9 "您认为,对于民营医院,政府最应该加强哪方面的政策?"

(三)受访者认为,个别情况下医生和患者之间关系紧张的关键原因是看病难、看病贵,部分医生在水平、医德、廉洁自律方面存在问题

调查显示,受访者认为,个别情况下医生和患者之间关系紧张的最关

键原因是"看病难、看病贵",35.2%的人选择此项;其次是"部分医生水平低、态度差、责任心不强",占20.6%,同时选择"部分医生收红包、拿回扣,医疗腐败严重"的占12.7%,这两项实际上都属于认为部分医生在水平、医德、廉洁自律方面存在问题,合计达到33.3%。另外,选择"协调医生和患者之间关系的法律不健全"的占13.4%(见图4-10)。

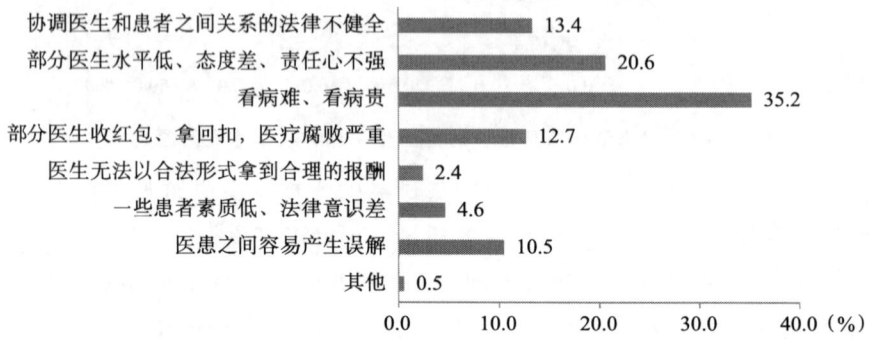

图4-10 "您认为,个别情况下医生和患者之间关系紧张的最关键原因是?"

四、对养老服务的需求

(一)受访者家庭目前最需要的养老服务是医疗保健,其次是基本生活照料,再次是康复护理、紧急救援、精神慰藉等;家庭收入层次越低,需要基本生活照料、紧急救援的人数比例越高,家庭收入层次越高,需要康复护理、精神慰藉的比例越高

调查显示,受访者家里老人或自身目前最需要的养老服务是医疗保健,64.1%的人选择此项,远远高于其他服务的相应比例;其次是基本生活照料,比例为44.9%;再次是康复护理、紧急救援、精神慰藉,比例分别为29.7%、28.6%、22.6%(见图4-11)。

分家庭人均月收入看,收入层次越低,需要基本生活照料、紧急救援的比例越高,5 001元及以上人群的两项比例分别为42.9%、26.6%,500元及以下人群分别为52.1%、35.9%;收入层次越高,需要康复护理、精

第四篇　精准把握群众需求　切实增加公共服务供给　　75

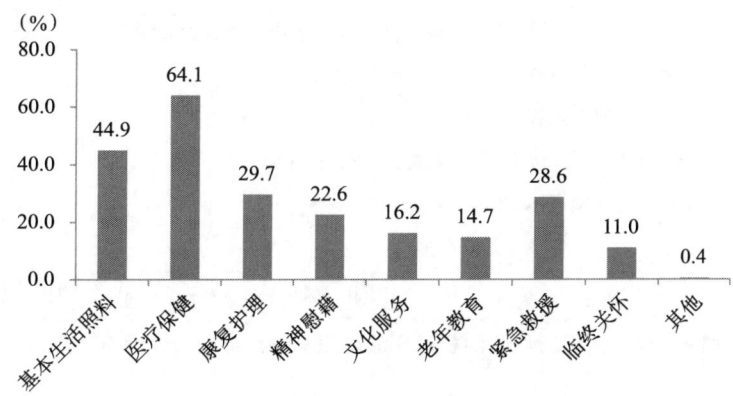

图4-11　"您家里老人或自身目前最需要的养老服务包括？"
（多选题，个案百分比）

神慰藉的比例越高，500元及以下人群的两项比例分别为25.6%、17.9%，5 001元及以上人群分别为31.5%、24.5%。

分城市看，特超大城市人群中选择需要紧急救援服务的占35.0%，明显高于大城市人群的27.9%、中小城市人群的26.0%。

分地区看，东部人群中选择需要康复护理服务的占31.9%，高于中部人群的28.0%、西部人群的25.9%。

（二）受访者认为，基层社区在养老服务方面存在的最大不足是缺乏养老服务机构，其次是养老服务设施设备不健全，养老服务专业性不强、水平不高等；特别强调缺乏养老服务机构的是高年龄人群

调查显示，受访者认为，自己所居住的社区在养老服务方面存在的最大不足是缺乏养老服务机构，43.6%的人选择此项，远远高于其他选项的相应比例；同时，选择养老服务设施设备不健全，养老服务专业性不强、水平不高的分别占20.0%、17.3%（见图4-12）。

分年龄看，年龄层次越高，认为最大不足是缺乏养老服务机构的比例越高，18~25岁人群为28.4%，36~45岁人群为44.5%，56~64岁人群为49.1%。

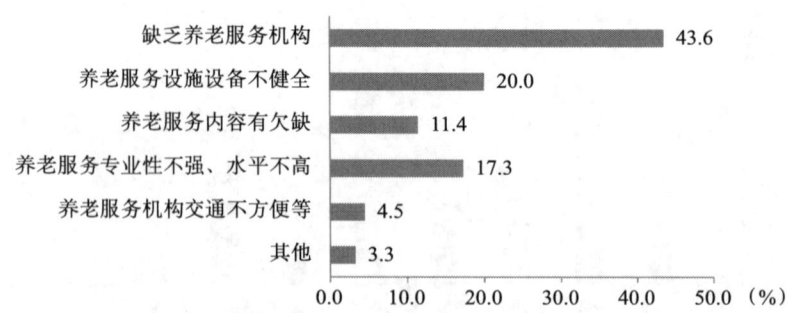

图4-12 "您所居住的社区在养老服务方面存在的最大不足是?"

(三) 五成受访者明确表示赞成实行"弹性退休"制度;分人群看,赞成度较高的是学生人群和国家干部、18~35岁人群、文化程度较高人群、收入较高人群

调查显示,受访者中分别有22.3%、27.5%的人非常赞成、比较赞成实行"弹性退休"制度,即在政府规定的退休年龄区间内,如58~65岁,职工可自由选择退休年龄,退休年龄越大,养老金水平越高,合计有49.8%的人表示赞成(见图4-13)。对此不太赞成的占15.8%,很不赞成的占9.9%,合计有25.7%的人表示不赞成。统计表明,受访者对实行"弹性退休"制度的赞成度平均分为3.39分。

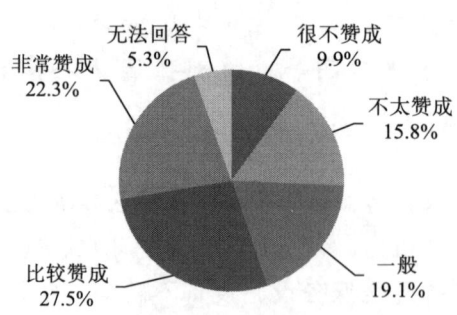

图4-13 "您是否赞成实行'弹性退休'制度?"

方差分析表明,城镇居民对实行"弹性退休"制度的态度受职业、年龄、文化程度、个人月收入、城市规模变量的显著影响。两两比较发现,分职业看,学生人群和国家干部的赞成度相对最高,得分分别为3.80分、

3.79 分，无业失业半失业人员最低，得分为 3.21 分。

分年龄看，18~25 岁人群、26~35 岁人群的赞成度得分分别为 3.71 分、3.57 分，高于其他更高年龄段人群。

分文化程度看，本科及以上人群的赞成度相对最高，得分为 3.64 分；大专人群其次，为 3.50 分；其他更低文化程度人群相对较低，得分处于 3.26~3.29 分之间。

分个人月收入看，5 001 元及以上人群、3 001~5 000 元人群的赞成度相对较高，得分分别为 3.65 分、3.61 分，501~1 000 元人群最低，得分为 2.98 分。

分城市规模看，特超大城市人群的赞成度得分为 3.26 分，低于大城市人群的 3.40 分、中小城市人群的 3.44 分。

五、关于社会保险的态度

（一）在养老保险个人缴费方面，如果实行"多缴多得、长缴多得"政策，44.8% 的人表示愿意多缴或长缴；愿意度较低的是无业失业半失业人员、工人、个体私营经营者和特超大城市人群等

调查显示，在养老保险个人缴费方面，如果实行"多缴多得、长缴多得"政策，受访者中 16.7% 的人表示非常愿意多缴或长缴，28.1% 的人表示比较愿意，合计有 44.8% 的人表示愿意（见图 4-14）。另外，16.7% 的人表示不太愿意，6.7% 的人表示很不愿意，合计有 23.4% 的人不愿意。统计表明，受访者对多缴或长缴养老保险的愿意度平均分为 3.33 分。

方差分析表明，城镇居民对多缴或长缴养老保险的态度受职业、年龄、个人月收入、城市规模变量的显著影响。两两比较发现，分职业看，愿意度最高的是国家干部，得分为 3.69 分；最低的是无业失业半失业人员，为 3.19 分；较低的是工人、个体私营经营者，分别为 3.23 分、3.24 分。

分年龄看,18~25岁人群、56~64岁人群的愿意度得分相对较高,分别为3.55分、3.52分,其他年龄段人群相对较低,得分处于3.20~3.29分之间。

分个人月收入看,3 001~5 000元人群、5 001元及以上人群的愿意度得分相对较高,分别为3.48分、3.46分,其他更低收入人群相对较低,得分处于3.18~3.29分之间。

分城市看,大城市人群、中小城市人群的愿意度得分均为3.36分,高于特超大城市人群的3.23分。

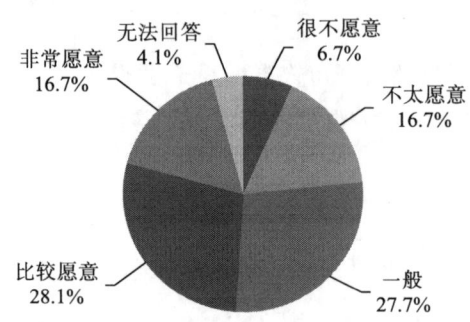

图4-14 "在养老保险个人缴费方面,如果实行'多缴多得、长缴多得'政策,您是否愿意多缴或者长缴?"

(二)如果国家建立长期护理保险制度,要求用人单位和个人共同缴费参加,2/3的人表示愿意参加;国家干部、收入较高人群更愿意参加

调查显示,如果国家建立长期护理保险制度,要求用人单位和个人共同缴费参加,受访者中29.6%的人表示非常愿意缴费参加,36.8%的人表示比较愿意,合计有66.4%的人表示愿意(见图4-15)。同时,表示不太愿意、很不愿意的分别占6.1%、2.3%,合计占8.4%。统计表明,受访者对参加长期护理保险的愿意度平均分为3.88分。

方差分析表明,城镇居民对参加长期护理保险的态度受职业、个人月收入、城市规模变量的显著影响。分职业看,国家干部最愿意参加,得分高达4.18分;无业失业半失业人员愿意度相对偏低,得分为3.75分。

分个人月收入看,3 001~5 000元人群、5 001元及以上人群最愿意参

加，得分分别为 4.00 分、3.98 分，其他更低收入人群得分在 3.74~3.85 分之间。

分城市看，大城市人群、中小城市人群的愿意度得分分别为 3.92 分、3.91 分，高于特超大城市人群的 3.78 分。

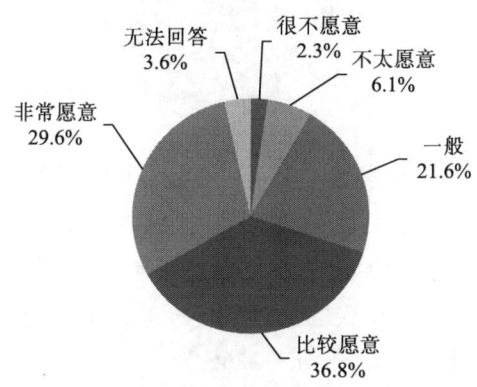

图 4-15 "如果国家建立长期护理保险制度，要求用人单位和个人共同缴费参加，您是否愿意参加？"

（三）55.8% 的人不赞成城镇职工退休之后继续缴纳医疗保险费用；退休人员、特超大城市人群、月收入 1 001~3 000 元人群最不赞成

调查显示，如果国家要求城镇职工退休之后继续缴纳医疗保险费用，受访者中表示非常赞成、比较赞成的分别只占 8.7%、14.6%，合计有 23.3% 的人表示赞成（见图 4-16）。对此表示不太赞成的占 33.5%，很不赞成的占 22.3%，合计有 55.8% 的人表示不赞成。统计显示，受访者对城镇职工退休之后继续缴纳医疗保险费用的赞成度平均分仅为 2.52 分。可见，城镇居民的赞成度较低。

方差分析表明，城镇居民对城镇职工退休之后继续缴纳医疗保险费用的态度受职业、年龄、个人月收入、家庭人均月收入、城市规模变量的显著影响。分职业看，退休人员的赞成度最低，得分仅为 2.13 分。

分年龄看，年龄层次越高，赞成度越低，56~64 岁人群、46~55 岁人群的赞成度得分分别仅为 2.32 分、2.31 分。

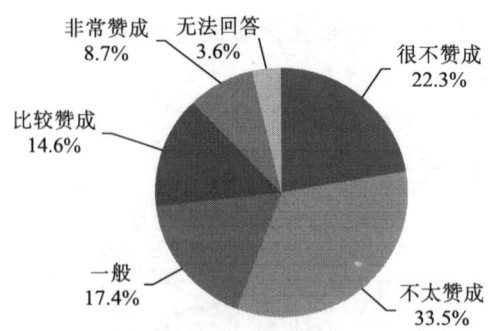

图4-16 "您是否赞成城镇职工退休之后继续缴纳医疗保险费用?"

分个人月收入看,1 001~3 000元人群的赞成度最低,得分为2.39分。分家庭人均月收入看,1 001~3 000元人群的赞成度最低,得分为2.40分。

分城市看,特超大城市人群的赞成度最低,得分为2.26分;大城市人群、中小城市人群分别为2.51分、2.66分。

(四)受访者认为,我国社会保险制度存在的最突出问题是个人缴费负担重,其他问题包括医保异地就医报销难、一些用人单位或雇主逃避缴费责任等;最强调个人缴费负担重的是月收入501~3 000元人群

调查显示,对于我国社会保险制度(医疗、养老等方面)存在的最主要问题,33.9%的人认为是个人缴费负担重,明显高于其他选项的相应比例;其次是医保异地就医报销难,占17.9%;再次是一些用人单位或雇主逃避缴费责任、保障水平低,分别占13.7%、12.4%(见图4-17)。

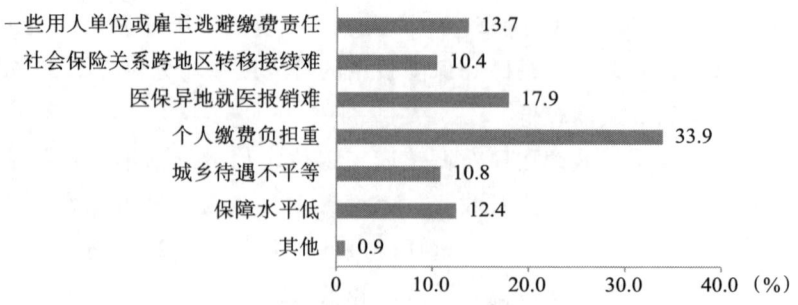

图4-17 "您认为我国社会保险制度存在的最主要问题是?"

分职业看，国家干部认为最突出的问题是医保异地就医报销难，选择人数比例为24.6%，超过了选择个人缴费负担重的比例（15.9%）。

分文化程度看，文化程度越低，认为最主要问题是个人缴费负担重的人数比例越高，本科及以上人群为25.7%，高中或中专人群为36.0%，小学及以下人群为42.7%。

分个人月收入看，501~1 000元人群、1 001~3 000元人群中认为最主要问题是个人缴费负担重的分别占41.2%、39.3%，明显高于其他收入人群的此项比例。

分户口看，外地户口人群认为最突出的问题是医保异地就医报销难，27.7%的人选择此项，超过了选择个人缴费负担重的比例（24.5%）。

六、关于住房政策的态度、未来各项消费需求

（一）44.7%的人赞成一些生产经营困难的企业降低职工住房公积金缴存比例，待效益好转后再提高缴存比例；收入较低人群的赞成度相对较低

调查显示，对于一些生产经营困难的企业降低职工住房公积金缴存比例，待效益好转后再提高缴存比例，受访者中14.5%的人表示非常赞成，30.2%的人表示比较赞成，合计有44.7%的人表示赞成（见图4-18）。不太赞成的人占14.3%，很不赞成的占4.1%，合计有18.4%的人表示不赞成。统计显示，受访者对此的赞成度平均分为3.40分。

方差分析表明，城镇居民对困难企业降低职工住房公积金缴存比例的赞成度受个人月收入变量的显著影响。两两比较发现，5 001元及以上人群、3 001~5 000元人群的赞成度相对较高，得分分别为3.49分、3.48分。其他更低收入人群的得分在3.31~3.38分之间。

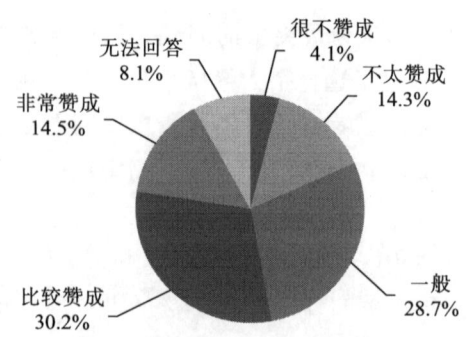

图 4-18 "您是否赞成困难企业降低职工住房公积金缴存比例，待效益好转后再提高缴存比例？"

（二）受访者认为，为鼓励和支持居民购买（或租赁）城镇商品房，最重要的政策是引导房地产企业适当降低商品房价格，其次是政府给予少量购房补贴或税费减免；本地户口人群比外地户口人群更希望取消一些大城市的限购政策

调查显示，受访者认为，为鼓励和支持居民购买（或租赁）城镇商品住房，最重要的政策是引导房地产企业适当降低商品房价格，重要性得分为 4.38 分；其次是政府给予少量购房补贴或税费减免，得分为 4.24 分；再次是政府给予一定的租房补贴鼓励和支持租房，提高住房公积金贷款额度、放宽贷款条件，得分分别为 4.05 分、4.04 分（见图 4-19）。

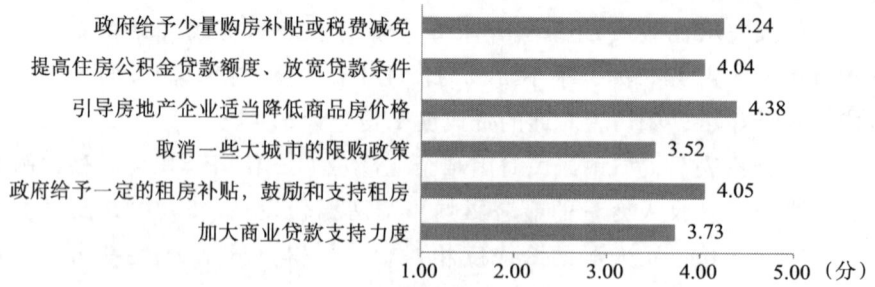

图 4-19 "为鼓励和支持居民购买（或租赁）城镇商品房，以上一些政策的重要程度如何？"

目前我国去库存的重点是解决三四线城市房地产库存过多问题。调查发现，就中小城市受访者来看，他们同样认为最重要的政策是引导房地产

企业适当降低商品房价格，得分为 4.35 分；其次是政府给予少量购房补贴或税费减免，得分为 4.24 分；然后是提高住房公积金贷款额度、放宽贷款条件，政府给予一定的租房补贴鼓励和支持租房，分别为 4.04 分、4.00 分。

方差分析表明，居民对提高住房公积金贷款额度、放宽贷款条件的态度受职业、年龄、家庭人均月收入变量的显著影响。两两比较发现，分职业看，国家干部最看重这一政策，得分为 4.32 分，明显高于其他人群的得分。分年龄看，26~35 岁人群最看重这一政策，得分为 4.19 分，明显高于其他年龄段人群的得分。分家庭人均月收入看，5 001 元及以上人群、3 001~5 000 元人群更看重这一政策，得分均为 4.10 分，其他更低收入人群的得分在 3.89~4.02 之间。

居民对取消一些大城市的限购政策的态度受户口是否本地变量的显著影响。本地户口人群比外地户口人群更看重这一政策，前者得分为 3.54 分，后者为 3.32 分。

居民对加大商业贷款支持力度的态度受城市规模变量的显著影响。两两比较发现，大城市人群、中小城市人群更看重这一政策，得分分别为 3.79 分、3.75 分，高于特超大城市人群的 3.64 分。

（三）在未来 5 年消费需求方面，预计上升幅度最大的是子女教育方面，其次是赡养老人，再次是医疗健康，然后是旅游、购房或租房；分人群看，26~45 岁人群对子女教育、赡养老人的消费需求最大，最高年龄组 56~64 岁人群对医疗健康的消费需求最大

调查显示，在受访者未来 5 年内各项消费支出的可能变化上，上升幅度最大的是子女教育，得分为 3.92 分；其次是赡养老人，得分为 3.85 分；再次是医疗健康，为 3.77 分；然后是旅游、购房或租房，分别为 3.61 分、3.57 分（见图 4-20）。从未来支出可能上升的人数比例看，子女教育、医疗健康、赡养老人分别为 62.9%、62.6%、60.2%，旅游为 52.4%，购房或租房为 42.5%（见表 4-2）。

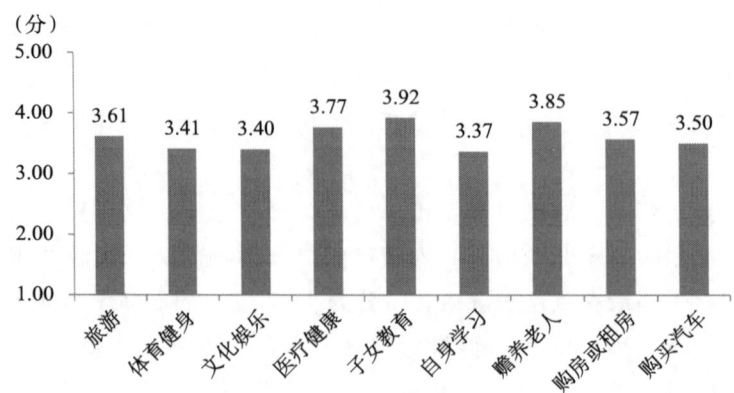

图 4-20　受访者未来 5 年内各项消费支出可能上升的幅度

表 4-2　未来 5 年内受访者各项消费支出的可能变化　　　（单位:%）

	上升	基本不变	下降	无法选择
旅游	52.4	33.5	8.6	5.5
体育健身	40.4	47.1	7.9	4.5
文化娱乐	40.7	47.0	8.7	3.5
医疗健康	62.6	30.9	5.0	1.5
子女教育	62.9	23.8	5.5	7.8
自身学习	37.8	50.0	8.8	3.4
赡养老人	60.2	30.9	3.3	5.6
购房或租房	42.5	40.9	7.9	8.8
购买汽车	38.5	39.5	8.4	13.6

注：上升 = 明显上升 + 有所上升；下降 = 有所下降 + 明显下降。

方差分析表明，城镇居民对子女教育的未来消费需求受年龄、文化程度、个人月收入变量的显著影响。两两比较发现，分年龄看，26~35 岁人群、36~45 岁人群对子女教育的未来消费需求最大，得分分别为 4.26 分、4.22 分，其他年龄人群在 3.62~3.68 分之间。分文化程度看，文化程度越高，未来对子女教育消费的需求越大，小学及以下人群为 3.62 分，本科及以上人群为 4.11 分。分个人月收入看，5 001 元及以上人群的得分较高，为 4.10 分，其他更低收入人群处于 3.79~4.00 分之间。

城镇居民对赡养老人的未来消费需求受年龄变量的显著影响。两两比较发现，36~45 岁人群、26~35 岁人群的消费需求最大，得分分别为 4.00

分、3.99分；其他年龄人群处于3.54~3.87分。

城镇居民对医疗健康的未来消费需求受年龄变量的显著影响。两两比较发现，56~64岁人群的消费需求最大，得分为3.90分；其他更低年龄人群处于3.49~3.80分之间。

城镇居民对旅游的未来消费需求受家庭人均月收入变量的显著影响。两两比较发现，5 001元及以上人群、3 001~5 000元人群的消费需求较大，得分分别为3.79分、3.71分；其他更低收入人群处于3.22~3.52分之间。

城镇居民对购房或租房的未来消费需求受年龄、家庭人均月收入变量的显著影响。两两比较发现，分年龄看，18~25岁人群、26~35岁人群的需求最大，得分分别为3.79分、3.74分，其他更高年龄段人群处于3.34~3.61分之间。分家庭人均月收入看，5 001元及以上人群的需求最大，得分为3.69分；其他更低收入人群处于3.37~3.55分之间。

七、结论与建议

（一）主要结论

第一，目前城镇基本公共服务的"短板"在于社会服务、残疾人基本公共服务、住房保障、劳动就业等方面。基本公共服务的目的在于保障全体公民生存和发展的基本需求。调查表明，受访者对目前基本公共服务的满意度不高，满意度最低的是社会服务（城乡低保和特困、医疗、养老、困境儿童等方面社会救助），较低的是残疾人基本公共服务、住房保障、劳动就业服务。从居民最关心、需求最迫切的这些方面着手，大力推进基本公共服务补短板，有利于惠民生、防风险，促进经济平稳健康发展和社会和谐稳定。

第二，在去产能过程中做好职工安置工作的关键在于提供再就业机会、落实社保待遇、加强就业服务和培训。继续做好钢铁、煤炭等行业化解过剩产能，并妥善做好人员安置工作，是深化供给侧结构性改革的重要任务。调查发现，受访者认为，对下岗失业人员而言最重要的安置政策是提供再就业机会，落实失业保险、低保等社会保障待遇，加强就业创业服务和技能培训；而且，无业失业半失业人员自身特别看重落实社会保障待遇。这为找准下岗失业人员安置工作的着力点提供了直接依据。

第三，我国教育发展的突出问题在于优质教育资源供给不足，教育的创新性、应用性、公平性不够。提高教育发展水平不仅是加快建设人力资本强国的基本任务，也是实施创新驱动发展战略的必然要求。调查发现，总的来看，受访者最不满意我国职业教育、学前教育发展现状；认为义务教育的突出问题在于优质教育资源供给不足且分布不均衡、教育质量低尤其是不能培养创新思维等，高等教育的突出问题在于教育的应用性、创新性、公平性明显不够。教育发展存在的突出问题不仅导致人民不断上升的教育需求无法得到满足，而且将制约国家长远的竞争力和国际地位。

第四，受访者迫切期待解决医疗费用及药品价格不合理、医疗行业监管不健全、基层医疗卫生发展滞后等问题。医疗卫生事业关系人民群众的切身利益。调查发现，受访者认为，城市医疗卫生服务存在的主要问题是医疗费用及药品价格不合理，医院存在滥检查、滥开药等现象，医生职业道德和服务态度存在问题，基层社区医疗卫生发展滞后等；还希望加强对民营医院的监管，提高服务质量，保障医疗安全。国家已经对推进健康中国建设作出全面而具体的部署，人民群众是否满意、健康水平是否提高，应成为检验这方面工作成效的根本标准。

第五，受访者目前最需要的养老服务是医疗保健和基本生活照料等，社区养老依托功能较弱是养老服务的最大"短板"。我国人口老龄化程度正加速上升，所带来的养老服务需求日益增长。但目前我国社会养老服务不仅总量不足，而且供给结构与老年人的需求结构不相适应。调查发现，受访者目前最需要的养老服务是医疗保健，其次是基本生活照料，再次是康复护理、紧急救援等；而且，他们认为，基层社区缺乏养老服务机构、设施不健全、服务水平低等问题突出。大力加强养老服务领域补短板，不仅有利于保障基本民生，而且有助于释放养老领域消费需求，促进经济增长。

第六，受访者认为，房地产去库存最应该采取的政策是降低房价、政府给予购房补贴或减免税费。去库存尤其是解决三四线城市房地产库存过多问题，是推进供给侧结构性改革的重要任务。而如何提升居民对住房的有效需求能力则是解决这一问题的关键。调查发现，受访者认为，为鼓励和支持居民购买（或租赁）商品房，最重要的政策是引导房地产企业降低房价，其次是政府给予购房补贴或税费减免。中小城市受访者也持同样看法。这表明，只有真正坚持"房子是用来住的、不是用来炒的"定位，使房价回归合理区间，才能促进房地产市场供需平衡，并更好保障住有所居。

第七，进一步释放居民消费需求应重点从子女教育、养老、医疗健康、旅游和住房等领域着手。供给侧结构性改革的最终目的是满足需求，这要求深入研究市场变化，理解现实需求和潜在需求。调查发现，预计未来5年，城镇居民消费需求上升幅度最大的是子女教育方面，其次是赡养老人，再次是医疗健康，然后是旅游、购房或租房。不断扩大这些服务领域有效供给，提高供给结构对需求结构的适应性，提升居民消费能力，释放居民消费需求，是培育经济发展新动能的重要抓手。

第八，低收入人群、无业失业半失业人员、老年人等强烈期待加强基本民生保障。社会政策要托底是我国应对经济发展新常态、确保如期全面建成小康社会的重要政策举措。调查发现，对于下岗失业人员安置，低收入人群、无业失业半失业人员特别看重落实失业保险、低保等社保待遇；低收入人群、退休人员特别强调医疗费用及药品价格不合理，最高年龄组56~64岁人群特别强调缺乏养老服务机构；这些人群还较不愿意多缴或长缴养老保险，不赞成职工退休之后继续缴纳医疗保险，不赞成困难企业缓缴住房公积金。这都反映出这些人群对加强基本民生保障的强烈期待，对加强社会政策托底提出了迫切要求。

第九，高收入、高文化程度人群和特超大城市人群等对公共服务的需求层次高、满意度低，对教育发展的不满较为突出。调查发现，高收入、高文化程度人群和特超大城市人群对基本公共服务的总体满意度低，对我国教育发展的总体满意度低，特别强调优质义务教育资源供给不足、高等教育的创新性不够，还较为赞成实行"弹性退休"制度、愿意参加长期护理保险等。这体现出这些人群对公共服务的需求层次相对较高，必须增加公共服务有效和中高端供给，满足多样化、个性化服务需求。

（二）对策建议

第一，精准对接群众需求，大力推进基本公共服务补短板。一是补社会服务短板。扫除城乡低保覆盖"盲点"和"死角"，完善与物价水平和生活成本相关联的低保待遇确定和动态调整机制，推进低保、特困人员供养、医疗救助、教育救助等制度整合。二是补残疾人服务短板。完善对困难残疾人、重度残疾人的生活、护理、器具等进行补贴的机制，加强残疾人托养、康复等服务。三是补医疗卫生短板。推进公立医院改革，鼓励社会力量兴办健康服务业，健全医疗全行业监管体制机制，提升基层医疗卫生服务能力。四是补养老服务短板。重点增加医疗保健、生活照料等服务供给，推进医养结合，走出片面追求养老床位拥有率的迷途，着力强化社区养老依托功能，加大政府购买社区居家养老服务力度。

第二，妥善做好职工安置，全力确保去产能工作顺利平稳推进。通过企业内部分流、转岗就业创业、内部退养、公益性岗位托底等多种渠道，做好钢铁、煤炭等行业化解过剩产能过程中的职工安置工作。大力开展转岗培训或技能提升培训。加强对灵活就业、新就业形态的扶持，鼓励以创业带就业，对有创业意愿的产能过剩行业职工和失业人员，提供有针对性的创业指导和服务。妥善处理好劳动关系，依法保护职工合法权益。做好职工社会保险关系的转移接续工作，保证企业欠缴的社会保险费补缴到位，落实失业保险、低保等社会保障待遇。

第三，明确坚持积极托底，大力加强对重点弱势群体的民生兜底与活力激发。对于低收入人群、无业失业半失业人员、老年人等弱势群体，既要守住民生底线，保障其基本生活，又要避免单纯的物质救助，避免形成福利依赖、损害社会活力与公平。应坚持权利与义务的统一，促进弱势群体承担自我发展、回馈社会的义务，注重对弱势群体的精神鼓舞、文化技能培训、就业创业支持和社会资本提升等，提升其自我发展能力。同时，应充分发挥政府、社会组织、企业、居民自治组织、弱势群体自身及家庭等多元主体的积极作用。

第四，深入推进改革创新，着力促进教育培训、养老、健康、旅游等领域消费提质扩容。深化简政放权，放宽市场准入，加强事中事后监管，营造公平竞争市场环境，鼓励和引导社会资本加大力度投入教育培训、养老、健康、旅游等服务领域。积极推进教育、养老、卫生等事业单位分类改革，将从事生产经营活动的事业单位逐步转为企业，鼓励其增加服务供给、提升服务品质。鼓励各类市场主体紧密结合居民消费需求，创新服务业态和商业模式，扩大有效服务供给，增加短缺服务，开发新型服务。大力完善相关领域服务质量标准体系，促进服务质量提高。

第五，紧紧围绕创新发展，不断革新教育理念、方式和方法。深入贯彻落实创新发展新理念，将创新理念贯穿于教育全过程，彻底转变传统的以考试为导向的教育价值观，倡导个性教育，树立多样化人才观念。破除以升学率为中心的中小学办学水平评价考核机制，按照培养创新型人才的要求调整学校教育目标和课程设置。深化考试招生制度改革，从根本上解决一考定终身的问题。用新思想、新理论、新知识、新技术全面更新高等教育内容和方法。加强学校教育与社会实践的结合，提升大学专业设置对社会需求的适应性。

第五篇
营造良好"双创"生态促进创新驱动转型[*]

——2016年改革民意问卷调查研究专题报告四

推进大众创业、万众创新（简称"双创"），有利于培育和催生经济社会发展新动力，有利于扩大就业、促进收入分配结构调整、激发亿万群众的创造力。本报告将基于2016年改革民意问卷调查数据，描述和分析城镇居民对"双创"相关问题的看法和期待，认为应大力构建良好的"双创"生态，推进"双创"向纵深发展，促进创新驱动转型。

要　点

◇ 受访者认为，促进"双创"最需要解决的问题是"融资难，起步难"，其次是"创业创新的各种审批条件多、耗时长"。他们迫切希望政府加强创业资金扶持和创业指导。

◇ 在市场监管方面，受访者对政府"打击假冒伪劣商品""防止垄断和不正当竞争""对互联网交易的监管"现状的满意度较低。

◇ 受访者认为，我国教育存在的突出问题之一是不能有效培养学生的创新能力、应用性较差；受访者对职业教育的满意度偏低。

---

[*] 执笔人：赵春飞。

> ◇ 大部分人充分肯定企业家群体的经济社会贡献，认为应保护企业家的合法私有财产。
> ◇ 近 2/3 的人认为当前我国社会的诚信度不高；受访者对互联网经济的信任度整体较低，其中年轻人群的信任度略高。
> ◇ 分享经济发展的社会基础日趋广泛，年轻人、高文化程度人群参与分享经济发展的意识更强；超过一半的受访者愿意参与创业项目的众筹融资。

一、对"双创"制约因素的看法及相关期待

（一）受访者认为，目前促进"双创"最需要解决的问题是"融资难，起步难"，其次"创业创新的各种审批条件多、耗时长"；个体私营经营者特别希望解决"融资难，起步难"问题

调查显示，关于促进"大众创业、万众创新"最迫切需要解决的问题，43.2% 的受访者认为是"融资难，起步难"，比例远超过其他问题（见图 5-1）。17.5% 的受访者认为是"创业创新的各种审批条件多、耗时长"，比例其次。另外，选择"知识产权保护不力""监管方式滞后，新业态新模式面临监管风险""创新激励机制不完善，科技创新收益比例低"的受访者分别占 9.9%、9.5%、9.3%。

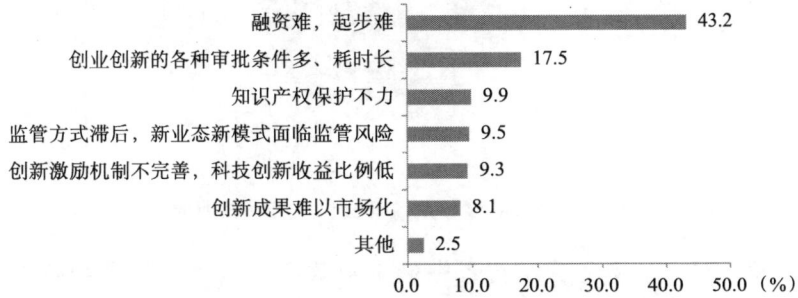

图 5-1 受访者对"双创"最迫切需要解决问题的看法

分职业看，不同职业人群都认为最需要解决的问题是"融资难，起步难"，个体私营经营者选择此项的比例高于其他人群，为46.9%。对于"创业创新的各种审批条件多、耗时长"，专业技术人员、办事人员的选择比例略高，分别为20.7%、20.2%；经理人员、国家干部的选择比例略低，分别为13.6%、15.9%。

分文化程度看，文化程度越低的人群，认为最需要解决"融资难，起步难"问题的人数比例越高，本科及以上人群选择此项的比例为34.4%，小学及以下人群为48.5%。

（二）在劳动就业服务方面，受访者迫切希望政府加强创业资金扶持和创业指导；特别期待创业资金扶持的是个体私营经营者、18~45岁人群

调查显示，在劳动就业服务方面，受访者中最希望政府加强"创业资金扶持"的占17.8%，最希望政府加强"创业指导"的占9.1%，这两项都属于创业服务，合计占26.9%（见图5-2）。这一合计比例超过了其他选项的单项比例，如选择"保护劳动权益"的占25.7%，选择"就业技能培训"的占23.7%。这体现了目前城镇居民对于政府加强创业服务支持的期待。

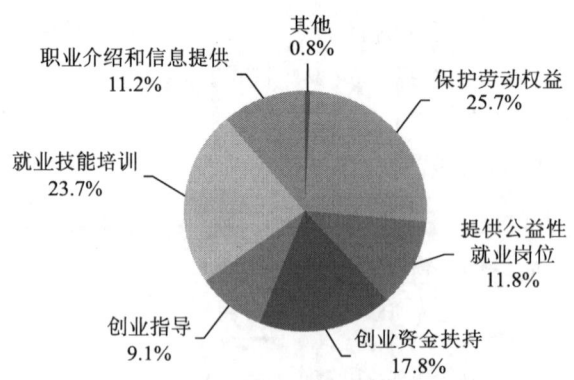

图5-2 受访者最希望政府提供的劳动就业服务

分职业看，个体私营经营者中最希望政府加强"创业资金扶持"或"创业指导"的占44.3%，远高于该人群选择其他服务的人数比例。学生

人群希望政府加强"创业资金扶持"或"创业指导"的比例也较高，为33.8%。

分年龄看，18~45岁人群比其他更高年龄人群更希望政府加强"创业资金扶持"，18~25岁人群、26~35岁人群、36~45岁人群选择此项的比例分别为21.2%、24.0%、21.3%。

（三）受访者对政府"打击假冒伪劣商品""防止垄断和不正当竞争""对互联网交易的监管"的满意度较低

如前文所述，部分受访者认为促进"双创"最需要解决的问题是"监管方式滞后，新业态新模式面临监管风险"，对健全市场监管体系有较高的期待。

分析表明（见图5-3），在政府发挥市场监管职能的各项表现中，受访者对政府"打击非法集资、金融诈骗"的满意度相对较高，评分为3.63分；对"打击非法集资、金融诈骗"表示非常满意或比较满意的人数比例为57.4%，不太满意或很不满意的仅占12.2%。

受访者对政府"打击假冒伪劣商品""防止垄断和不正当竞争""对互联网交易的监管"的现状满意度较低。受访者对"打击假冒伪劣商品"的满意度评分为3.00分；表示非常满意或比较满意的占32.1%，不太满意或很不满意的占32.5%。对"防止垄断和不正当竞争"的满意度评分为3.02分；表示非常满意或比较满意的占27.0%，不太满意或很不满意的占24.5%。"对互联网交易的监管"的满意度评分为3.07分；表示非常满意或比较满意的占27.8%，不太满意或很不满意的占22.7%。

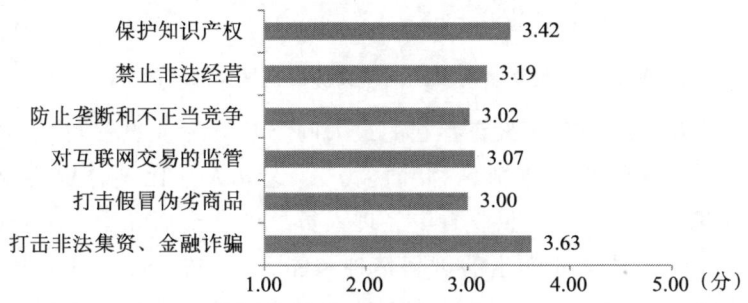

图5-3 受访者对政府市场监管状况的满意度

（四）受访者认为，我国教育存在的突出问题之一是不能有效培养学生的创新能力、应用性较差；受访者对职业教育的满意度偏低

分析表明，受访者对我国职业教育的满意度平均分为 3.45 分，相对较低；对义务教育的满意度平均分为 3.83 分，相对较高；学前教育为 3.50 分、大学教育为 3.58 分、高中教育为 3.60 分，水平居中。

调查显示，15.4% 的受访者认为目前我国九年义务教育存在的最大问题是"教育方式落后，不能培养学生的创新思维"（见图 5-4）。分职业看，学生人群中认为最大问题是"教育方式落后，不能培养学生的创新思维"的占 30.0%，高于该人群对其他选项的选择。分年龄看，18~25 岁人群中认为最大问题是"教育方式落后，不能培养学生的创新思维"的占 22.6%，明显高于其他年龄段人群的相应比例。分文化程度看，文化程度越高的人群，认为最大问题是"教育方式落后，不能培养学生的创新思维"的比例明显越高，小学及以下人群仅为 6.4%，大专人群为 20.7%，本科及以上人群高达 23.8%。

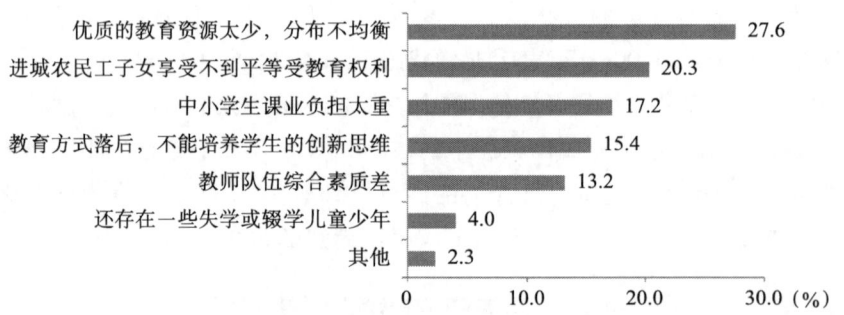

图 5-4 受访者对我国九年义务教育最大问题的看法

受访者认为我国高等教育存在的最大问题是"专业设置与社会需求脱节""不能培养学生的创新精神和能力"，选择人数比例分别为 19.4%、19.0%（见图 5-5）。分职业看，经理人员、国家干部和学生人群均认为最大问题是"不能培养学生的创新精神和能力"，选择此项的人数比例分别为 28.8%、23.3%、22.3%，高于这些人群对其他选项的选择。分年龄

看，36~45岁人群中认为最大问题在于"不能培养学生的创新精神和能力"的占21.6%，明显高于其他年龄段人群的相应比例。分文化程度看，文化程度越高的人群，认为最大问题是"不能培养学生的创新精神和能力"的比例越高，大专人群和本科及以上人群的比例均高于23.0%。

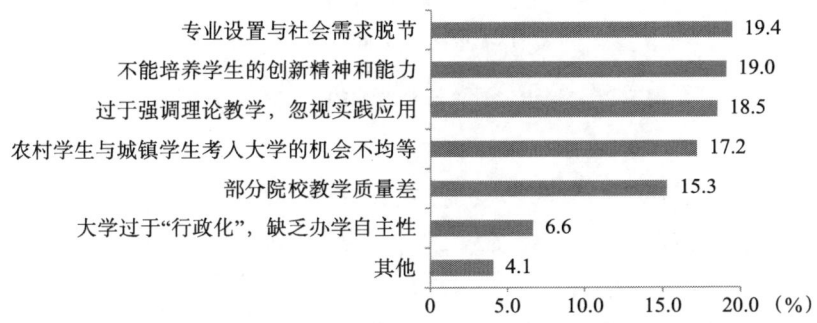

图5-5 受访者对我国高等教育最大问题的看法

二、对企业家地位、社会诚信度的评价

（一）大部分人充分肯定企业家群体的经济社会贡献，认为应保护企业家的合法私有财产

企业家精神是创业成功的关键因素之一，因此问卷设置了关于企业家的一些观点，了解受访者如何看待企业家群体。调查显示，受访者对"企业家为社会创造了大量就业机会"的赞同度平均分为3.99分（见图5-6），接近"比较赞同"水平；73.6%的受访者非常或比较赞同这一观点，不太或很不赞同的仅占3.9%。这说明城镇居民高度认可企业家在创造就业机会中的贡献。受访者对"应保护企业家的合法私有财产"的赞同度平均分为3.74分；61.1%的受访者对此表示非常或比较赞同，不太或很不赞同的仅占6.5%。受访者对"企业家的开拓精神高于一般人"的赞同度平均分为3.56分；52.6%的受访者对此表示非常或比较赞同。受访者对"企业家靠剥削工人致富"的赞同度平均分仅为2.54分；49.6%的人对此表示不太或很不赞同。

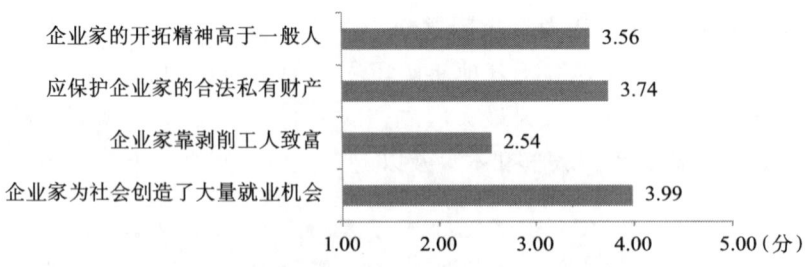

图 5-6 受访者对关于企业家的一些观点的看法

（二）近 2/3 的人认为当前我国社会的诚信度不高；受访者对互联网经济的信任度较低，其中年轻人群的信任度略高

创业创新需要良好的社会诚信环境作为支撑。调查显示，受访者中认为当前我国社会诚信度很高或者较高的占 34.5%，认为诚信度一般的占 47.6%，认为诚信度较低或很低的占 16.9%（见图 5-7），合计有 64.5% 的人认为社会诚信度不够"高"。分析表明，受访者对当前我国社会诚信度的平均评分为 3.24 分。

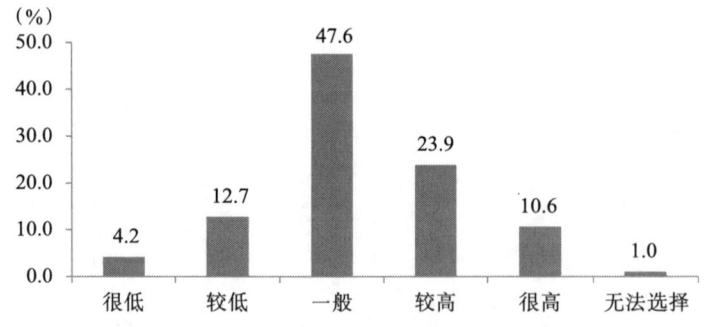

图 5-7 受访者对当前我国社会诚信度的评价

就具体对象来看，受访者对网上商店的信任度较低，信任度评分为 2.83 分，低于"一般"水平；对网上商店非常或比较信任的受访者仅占 17.3%，不太或很不信任的占 30.5%，信任度一般的占 47.5%。比较而言，受访者对实体商店的信任程度明显高于网上商店，对实体商店的信任度评分为 3.51 分，50.3% 的受访者非常或比较信任实体商店，不太或很不信任的仅占 7.9%。可见，政府对于互联网经济的市场监管还需加强，对

于网上商店还需创新管理手段,加大打击假冒伪劣商品的力度,保护互联网交易环境,为"双创"提供健康的互联网服务平台,使居民更加信任互联网经济。

分人群看,对于网上商店,18~25岁人群、学生人群选择非常或比较信任的人数比例最高,信任度评分也高于其他人群。目前的年轻人群在互联网快速发展的环境下成长起来,互联网日益深入地影响着他们的生活,因此他们对互联网经济的信任度更高。进一步加强互联网市场环境监管,有利于互联网经济的蓬勃有序发展。

三、对分享经济的态度

(一) 分享经济发展的社会基础日趋广泛,年轻人、高文化程度人群参与分享经济发展的意识更强

随着"双创"蓬勃开展,许多新业态层出不穷,其中就包括分享经济。调查显示,当问到"您是否愿意通过互联网平台做以下事情"时,76.6%的受访者表示非常或比较愿意"在时间允许的情况下,发挥自己的专长,为他人提供有偿帮助",表示不太或很不愿意的仅占3.4%;受访者对此的愿意度平均分为4.06分(见图5-8),超过"比较愿意"的水平。这表明,绝大部分人都愿意通过互联网分享平台提供专业服务或个人服务,这既可发挥专长为他人提供帮助,又可获得经济收入。年轻人群、月收入3 000~5 001元人群、高文化程度人群在这方面的愿意度更高。

68.5%的受访者表示非常或比较愿意"将自家闲置的二手电器、家具、衣物等卖给有需要的人",表示不太或很不愿意的仅占8.1%;受访者对此的愿意度平均分为3.87分,接近"比较愿意"水平。目前有很多二手物品交易网站,如58同城、咸鱼等,为闲置物品转让提供平台,受到许多居民的喜爱,调查结果反映了这一点。分人群看,文化程度较高的人群和年轻人群更愿意通过互联网平台转售闲置物品。这些群体更容易掌握、更接受互联网交易方式,也有较强烈的出售闲置物品的意愿,对他们而

言，互联网平台提供了一种十分便捷的渠道，能避免闲置物品资源的浪费。

44%的受访者表示非常或比较愿意"将自家空闲的房间（或房屋）短租给出差、旅游的人"，26.7%的人表示不太或很不愿意如此；受访者对此的愿意度平均分为3.27分。学生、18~25岁人群、大城市人群比其他人群的愿意度更高。

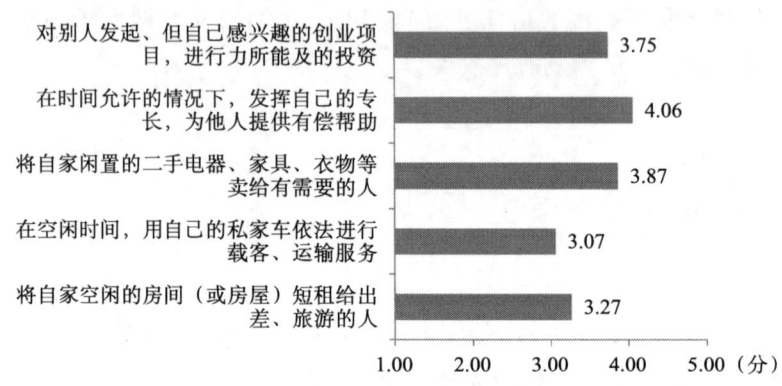

图5-8 受访者对通过互联网平台做一些事情的愿意度

（二）超过一半的受访者表示愿意参与创业项目的众筹融资；比较而言，学生、年轻人、文化程度较高的人群、收入较高的人群更愿意参与创业项目的众筹融资

调查表明，城镇居民认为"双创"融资难、起步难的问题突出。目前"双创"融资有多重渠道，如银行、风投等，但此类机构对刚起步的项目投资较为谨慎，多数初创、小微企业很难获得融资。随着众筹等方式的兴起，越来越多的普通投资者愿意进行力所能及的投资，为创业融资开启了新的天地。调查显示，58.3%的受访者表示非常或比较愿意通过互联网平台，"对别人发起、但自己感兴趣的创业项目，进行力所能及的投资"，不太或很不愿意的仅占7.1%；受访者对此的愿意度平均分为3.75分，接近"比较愿意"的水平。

分职业看，学生人群的愿意度得分超过4分，高于其他人群。学生人群基本没有工资收入，但投资意愿强烈，反映出他们对创业有较大的热情。退休人员投资意愿最低,这也与他们的收入和生活状态密不可分。

分收入看,收入越高的人群,越愿意参与创业项目的众筹融资,个人月收入 3 001 元及以上人群的愿意度得分为 3.86 分。

分文化程度看,文化程度越高的人群,投资创业项目的意愿越强烈。本科及以上人群的愿意度得分最高,为 3.96 分;高中人群得分为 3.80 分;小学及以下人群相对最低,为 3.50 分。

分年龄看,年龄层次越低的人群,越愿意对感兴趣的创业项目进行投资。18~25 岁人群、26~35 岁人群、36~45 岁人群的愿意度得分分别为 3.99 分、3.98 分和 3.83 分。

四、结论与建议

(一) 调查结论

第一,"双创"的社会基础不断夯实。受访者充分肯定企业家群体的开拓精神和经济社会贡献,认为应保护企业家的合法私有财产,这有利于进一步激发创业创新的社会热情。近六成的人愿意"对别人发起、但自己感兴趣的创业项目,进行力所能及的投资",表明众筹等新兴融资模式具有较为广泛的民众基础,有利于推进"双创"融资渠道的多元化。分享经济等新业态获得了年轻人、高文化程度人群的青睐,将进一步释放其巨大活力。

第二,融资难仍然是"双创"面临的重要障碍。"双创"的主体是中小企业,虽然政府为缓解中小企业融资难、融资成本高的问题出台了一系列政策举措,取得明显成效,但调查发现受访者仍然认为促进"双创"最迫切需要解决的问题就是"融资难,起步难";他们迫切希望政府加强创业资金扶持和指导;个体私营经营者、18~45 岁人群特别希望政府加强创业资金扶持。这表明推进"双创"向纵深发展仍需要进一步破解融资难的问题。

第三,互联网市场监管体系构建滞后。"双创"推动了互联网经济快速发展，2016年"双11"当天仅阿里旗下的互联网交易平台的销售额就达到1 200亿元，互联网经济为消费者带来了极大便利，并为"双创"带来了更多发展机会，成为经济发展的强劲助力。然而，目前互联网经济也暴露出诚信不够、欺诈行为、虚假信息较多等问题，导致消费者对互联网交易的信任度较低，对互联网交易监管状况的满意度也较低，影响互联网经济的持续健康发展。这对完善体制机制、加强对互联网经济的市场监管提出了迫切诉求。

第四，教育的创新性低严重制约"双创"向纵深发展。教育能否有效培养学生的创新能力、实践能力，从根本上会影响全社会创业创新的氛围是否浓厚、能量是否强大。调查发现，受访者认为目前我国教育存在的突出问题之一就是不能有效培养学生的创新能力、应用性较差；他们对职业教育发展的满意度偏低，体现了他们提升"工匠精神""工匠技能"的社会主张。这要求从深层次上推进教育改革，将创新理念贯穿于教育全过程，大力培养创新型人才，并加强应用型教育，增加应用型人才。

（二）建议

第一，进一步完善推进"双创"的政策体系。深化简政放权，创造更优越的市场环境和制度环境，更大程度激发市场主体活力和经济内生动力。打造一批"双创"示范基地和城市，及时总结和推广经验。鼓励发展"互联网+"创业创新平台，完善中小微企业公共服务平台。完善创业投资引导机制，拓宽创业投融资渠道。鼓励众筹等新型融资模式的发展，建立系统性金融风险防范机制，如控制众筹融资规模等，降低项目风险向投资者转移的幅度等。营造鼓励创业、宽容失败的社会氛围，培育创业文化。

第二，大力健全互联网市场监管体系。完善我国互联网法律法规体系，明确网络行为主体的法律责任、社会责任和权责关系。健全互联网交易监管规章制度，创新监管方式方法，加强对网店主体资格、商品信息及质量的把控。加强互联网安全监管执法，严厉打击网络非法入侵破坏、窃取网民个人信息、网络盗窃、网络诈骗和制造传播网络谣言等多发性网络违法犯罪。

第三，规范发展众筹等互联网金融。一是监管机构应按照审慎管理的思路完善相关政策，健全准入制度，丰富众筹项目信用风险管理手段。二是应积极构建防控风险的"防火墙"。应督促众筹平台加强内部控制和风险管理，加强对众筹模式和业务发展中潜在风险的监测，防范企业、项目风险以及非正规金融风险向金融体系传导。三是应逐步建立针对众筹项目的市场化风险补偿机制，健全创业资本退出机制。

第四，深化教育改革，培养创新型人才。将创新理念贯穿于教育全过程，转变传统的以考试为导向的教育价值观，倡导个性教育，树立多样化的人才观念。倡导启发式、探究式、讨论式、参与式教学，加强学校教育与社会实践相结合。将创业创新教育融入高校教育人才培养过程中，建立跨学科或跨部门的协同研究和创新平台。完善现代职业教育体系，推进职业教育产教融合，推动具备条件的普通本科高校向应用型转变。

第六篇
直面经济社会问题　提高风险应对能力[*]

——2016年改革民意问卷调查研究专题报告五

我国目前正处于重要战略机遇期，需要面对艰巨繁重的国内改革发展稳定任务和诸多矛盾叠加的严峻挑战。本报告将主要基于2016年改革民意问卷调查数据，并结合往年调查数据，描述和分析受访者对食品药品安全、环境保护、收入差距、价格等方面经济社会问题的看法，为更加有效地应对我国发展面临的风险和挑战提供一些信息和参考。

要　点

◇ 受访者目前最担心的社会问题是食品药品不安全，其次是环境污染、房价过高，再次是贫富差距扩大和社会风气败坏；2016年比2015年，城镇户籍受访者对一系列社会问题的担心度都明显下降。

◇ 在各类经济社会风险中，受访者最不能承受生活必需品价格过快上涨的风险，其次不能承受自身收入下降、社会不稳定因素增加的风险。

◇ 绝大多数受访者都认为我国收入差距大；同时认为困难人群自身应该加强文化技能学习、提升就业能力、积极参加公益活动。

---

[*] 执笔人：赵春飞。

> ◇ 受访者认为当前我国社会诚信环境一般；对网店的信任度最低，对网约专车司机、政府官员的信任度也较低。
> ◇ 受访者认为，在一些公用事业产品中，价格最贵的是汽车加油，其次是手机通讯和家庭上网。
> ◇ 在城镇基础设施建设方面，受访者认为首先应加强排污和垃圾处理设施的建设，其次应加强防洪防涝设施、停车场（停车位）等的建设。

一、社会问题担心度与风险承受力

（一）受访者最担心的社会问题是食品药品不安全，其次是环境污染、房价过高，再次是贫富差距扩大和社会风气败坏；对这些问题表示担心的人数比例均超过76%

分析表明，对于问卷所列的可能出现的一些社会问题，受访者对其中大部分社会问题的担心程度都比较高，达到或超过"比较担心"（4分）的水平。其中最担心食品药品不安全，担心程度得分为4.55分；其次是环境污染、房价过高，分别为4.27分、4.26分；再次是贫富差距扩大和社会风气败坏，担心程度得分均超过4分；担心度相对最低的是信仰危机，得分为3.28分。从担心状况百分比分布来看，除了对信仰危机表示担心的人数比例为36.9%外，对其他问题表示担心的比例都超过了55%。其中，最高的同样是食品药品不安全，高达92.3%；其次是环境污染，也达到83.2%；再次是房价过高、社会风气败坏和贫富差距扩大，分别为79.4%、77.2%和76.2%（见表6-1）。

表 6-1　　　　　　　受访者对一些社会问题的担心程度

	样本量（个）	均值（分）	表示担心的人数比例（%）
食品药品不安全	3 159	4.55	92.3
环境污染	3 160	4.27	83.2
房价过高	3 131	4.26	79.4
贫富差距扩大	3 143	4.13	76.2
社会风气败坏	3 156	4.10	77.2
就业危机	3 110	3.89	66.9
治安状况不好	3 144	3.69	59.3
社会不稳定	3 141	3.62	56.0
政府威信下降	3 099	3.61	55.9
信仰危机	2 990	3.28	36.9

注：担心 = 非常担心 + 比较担心。

（二）2016 年城镇户籍受访者对一系列社会问题的担心度较 2015 年都有明显降低；对食品药品不安全、环境污染、社会风气败坏、贫富差距扩大等问题的担心度始终位次靠前

2010～2012 年，本课题组曾连续 3 年调查了解城镇户籍居民对一些社会问题的担心状况[①]，当时问卷所列社会问题与 2015 年、2016 年问卷所列问题大部分相同，可以进行纵贯比较分析。为了使统计口径保持一致，我们从 2015 年、2016 年的调查样本中挑选出"本地城镇户口"样本进行比较，样本量分别为 2 387 个、2 415 个。

比较 5 年数据发现（见图 6-1），相比 2010～2012 年，2015 年城镇户籍受访者对一系列社会问题的担心度都明显上升，2016 年的担心度又明显回落（除贫富差距扩大外）。除环境污染外，2016 年的担心度，均高于 2012 年及之前的数据。例如，对食品药品不安全[②]，2012 年担心度得分为 4.46 分，2015 年上升至 4.68 分，到 2016 年则降为 4.59 分。对社会风气

---

① 2010～2012 年每年在全国 63 个城市调查完成 2 600 份有效问卷，对象为每个城市的当地城镇户籍居民。

② 2012 年问卷中为"食品不安全"，与 2015 年、2016 年有一定差异。

败坏，2010～2012年均为3.90分，2015年大幅上升至4.36分，2016年回落到4.11分。对环境污染，2010年为4.32分，2011～2012年略有下降，2015年上升至4.57分，2016年降为4.28分。可见，2016年城镇户籍居民对一系列社会问题的担心度都比2015年明显下降。

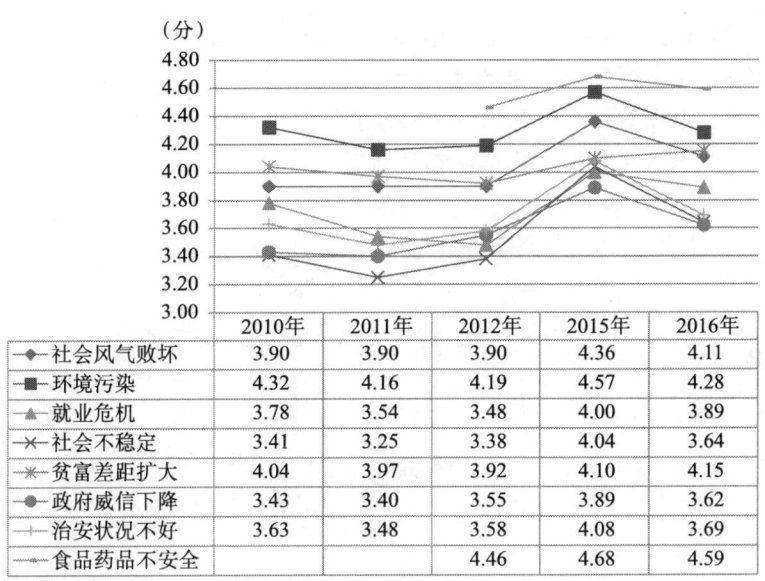

图6–1　2010～2016年城镇户籍受访者对一些社会问题的担心度变化

从担心度高低排序上看，2012年、2015年、2016年对食品药品不安全的担心度都位居第一。2010～2016年，对环境污染、社会风气败坏、贫富差距扩大的担心度始终排在前列。

（三）受访者对各类经济社会风险的承受力都较低，最不能承受的是生活必需品价格过快上涨，其次是自身收入下降，再次是社会不稳定因素增加

调查显示，受访者对各类风险的承受力均低于"一般"（3分）水平。相对而言，最不能承受的是生活必需品价格过快上涨，得分为1.99分，低于"比较不能承受"（2分）的水平；其次不能承受的是自身收入下降，得分为2.13分；第三不能承受的是社会不稳定因素增加，得分为2.18分；然后是

自身收入增长放缓、自身就业受到冲击,得分均为 2.35 分(见图 6-2)。

从不能承受①的人数比例来看,生活必需品价格过快上涨为 74.2%,自身收入下降为 65.1%,社会不稳定因素增加为 63.4%,自身收入增长放缓为 55.8%,自身就业受到冲击为 52.8%。

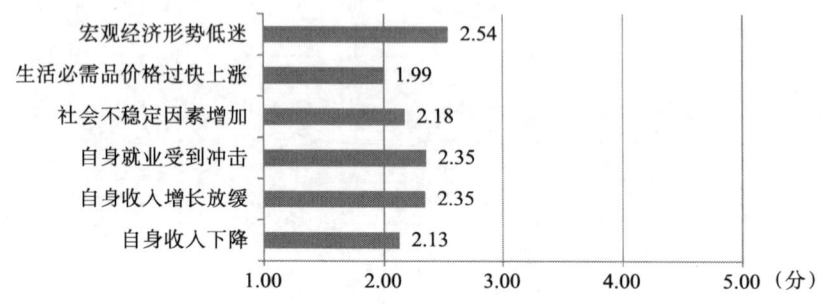

图 6-2 受访者对一些经济社会风险的承受力

二、对食品安全、环境问题的看法

(一)受访者认为改善我国食品安全状况最重要的措施是加大政府监管和处罚力度,选择人数比例远高于其他选项

调查显示,食品安全问题是受访者最担心的问题之一,自 2012 年以来,对食品安全问题的担心程度一直排在各项社会问题的首位。2016 年受访者认为改善我国食品安全状况最重要的措施是"明显加大政府监管和处罚力度",占 57.5%;其次是"强化对政府相关负责人和部门的责任追究"和"促进食品生产者道德自律",分别占 15.0% 和 14.1%;再次是"完善消费者投诉反馈机制"和"加强新闻媒体等方面的社会监督",占比都较低(见图 6-3)。

---

① 不能承受 = 比较不能承受 + 完全不能承受。

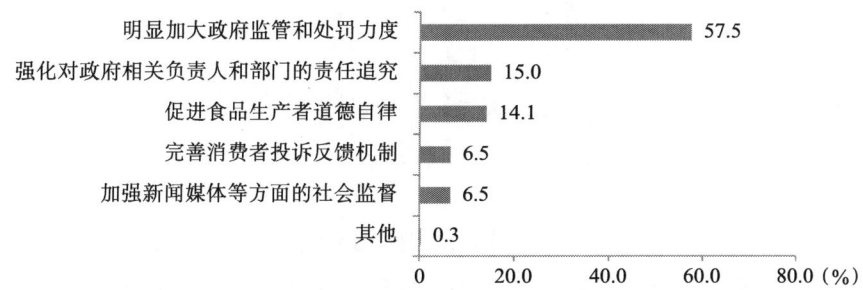

图 6-3 受访者对改善我国食品安全状况最重要措施的看法

（二）在各项环境问题中，受访者认为最为严重的是空气污染，其次是生活垃圾污染

分析表明，对于问卷所列的一些环境问题，受访者认为各类环境问题的严重程度都高于"一般"（3分）水平。其中，空气污染的严重程度最高，严重程度得分为3.57分；其次是生活垃圾污染，得分为3.41分；再次是工业垃圾污染、绿地面积不足和噪声污染，分别为3.38分、3.36分和3.35分；严重程度相对最低的是水污染，得分为3.29分（见图6-4）。从百分比分布来看，认为问卷所列各项环境问题非常或比较严重的人数比例均超过40%，其中空气污染的比例最高，为53.8%；其次是生活垃圾污染和工业垃圾污染，分别为47.2%和45.7%；再次是绿地面积不足、噪声污染和水污染，分别为42.7%、41.6%、40.9%。

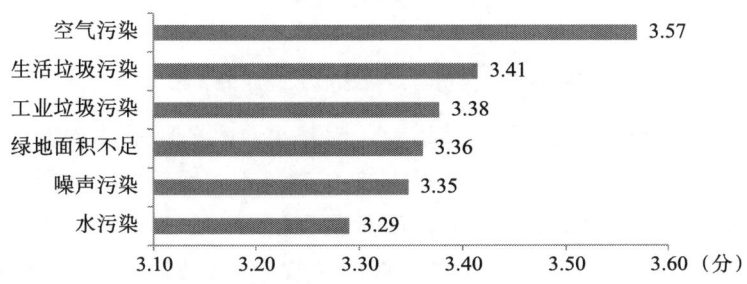

图 6-4 受访者对环境问题严重程度的评价

三、对收入差距及困难人群扶助的看法

（一）绝大多数受访者都认为我国的收入差距大；认为缩小收入差距最重要的方法是明显增加低收入劳动者的收入，其次是遏制以权力、行政垄断等不公平因素获取收入

贫富差距扩大一直是城镇居民较为担心的社会问题之一。调查显示，受访者对目前收入差距大小的平均评分为4.48分，超过"比较大"的水平。受访者认为目前收入差距非常大的占57.1%，认为比较大的占34.3%，一般的占7.1%，比较小或非常小的比例极低，合计占1%。受访者认为非常大或比较大的比例合计高达91.5%（见图6-5）。可见，居民认为我国收入差距大的问题非常突出。

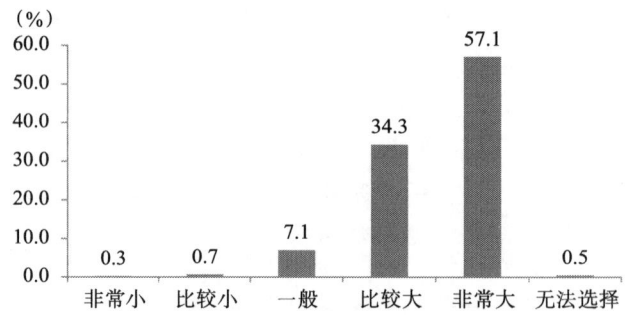

图6-5 受访者对我国收入差距的看法

面对收入差距大的现状，受访者认为缩小收入差距最重要的方法是明显增加低收入劳动者的收入，选择人数占48.8%，远超过其他选项；其次是遏制以权力、行政垄断等不公平因素获取收入，占25.0%；再次是扩大中等收入者所占的比重和增加居民财产性收入，分别占11.8%和8.1%，选择依法取缔非法收入的比例最低，占5.9%（见图6-6）。

第六篇 直面经济社会问题 提高风险应对能力 | 109

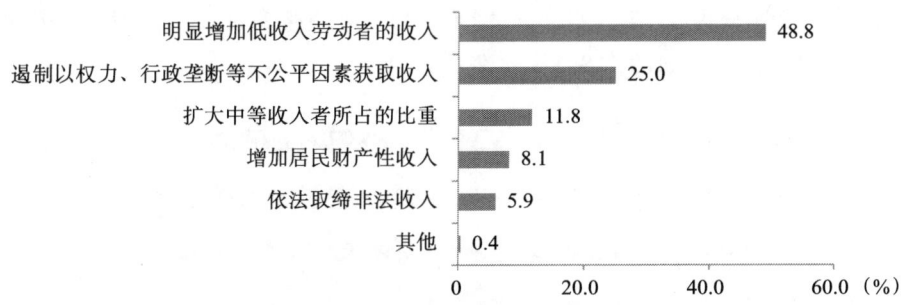

图6-6 受访者对缩小收入差距最重要途径的看法

(二) 多数受访者认为困难人群应该加强文化技能学习，提升自身就业能力以及积极参加公益活动

社会救助是国家的一项必要责任，政府有义务保证贫困者的生存权，困难人群有从国家和社会获得救助的权利。但是民政部数据显示，成年人（包括登记失业、未登记失业、在职人员和灵活就业人员）一直占城市低保对象的61%以上①，可见对被救助人群对福利政策形成依赖的担忧也并非空穴来风。关于困难人群接受政府经济帮助（如低保、扶贫支持等）的一些说法，调查显示，受访者对"扶贫济困是政府的责任，困难人群不必承担什么义务"表示不赞同的人数比例为40.7%，赞同的占37.1%，赞同和不赞同的比例基本无明显差异；赞同度评分为3.01分，处"一般"水平。对于"困难人群也已依法纳税，不必为接受政府帮助另尽义务"，不赞同的占41.7%，赞同的占26.5%；对于"困难人群能力有限，承担不了什么义务"，不赞同的占39.2%，赞同的占31.8%；此两项的赞同度评分均低于3分（见图6-7）。

同时，大部分受访者赞同困难人群应该加强文化技能学习，提升自身就业能力以及积极参加公益活动。对于"困难人群应主动寻找力所能及的工作"，赞同的占86.0%，不赞同的比例极低，赞同度评分为4.30分；对于"困难人群应加强文化技能学习"，赞同的占85.0%，不赞同的比例极

---

① 张浩淼：《救助、就业与福利依赖——兼论关于中国低保制度"养懒汉"的担忧》，《兰州学刊》2014年第5期。

低,赞同度评分为 4.25 分;对于"困难人群应积极参加公益劳动",赞同的占 67.8%,不赞同的占 8.1%,赞同度评分为 3.84 分。

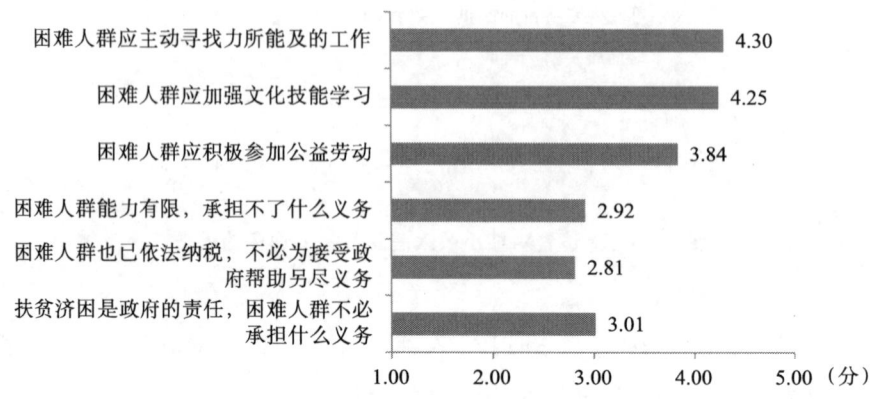

图 6-7 受访者对政府困难帮扶相关看法的赞同度

四、对社会诚信和公共安全状况的评价

（一）受访者认为当前我国社会诚信环境一般;对网店的信任度最低;对网约专车司机、政府官员的信任度也较低

受访者对当前我国社会诚信环境的平均评分为 3.24 分,高于"一般"水平。对社会诚信评价很高或者较高的人数比例为 34.5%,评价一般的人数比例为 47.6%,评价较低或很低的占 16.9%（见图 6-8）。分不同身份变量看,对我国社会诚信环境的评价为一般的人数比例均最高,均高于 40%。特超大城市的受访者对社会诚信的评分为 3.12 分,低于其他城市受访者。与其他年龄人群相比,26~35 岁受访者对社会诚信的评价较低,为 3.13 分。文化程度越高的受访者对社会诚信的评价越低,本科及以上受访者的评分最低,为 3.03 分。个人收入越高的受访者对社会诚信的评分越低,5 001 元及以上受访者的评分最低,为 3.10 分。

第六篇 直面经济社会问题 提高风险应对能力 | 111

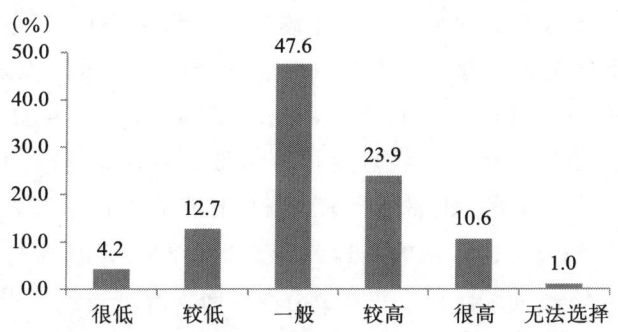

图 6-8 受访者对目前我国社会诚信状况的评价

调查显示，受访者对网上商店的信任度较低，评分为 2.83 分，低于"一般"水平。问卷还调查了对一些群体的信任程度，如政府官员、专家、同事、朋友和网约专车司机。受访者对朋友的信任度最高，评分为 4.09 分，是信任评价唯一超过"比较信任"水平的，并且选择非常信任或比较信任的人数比例超过 80%。对网约专车司机、政府官员和专家的信任度均稍低，分别为 3.02 分、3.08 分和 3.15 分（见表 6-2）。

表 6-2　　　　受访者对一些对象的信任程度

	样本量（个）	均值（分）
政府官员	3 126	3.08
专家	3 079	3.15
同事	3 120	3.81
朋友	3 151	4.09
实体商店	3 117	3.51
网上商店	3 016	2.83
网约专车司机	2 824	3.02

（二）在公共安全保障状况方面，受访者对防范和打击恐怖暴力活动、防范处理邪教的满意度最高，对打击偷盗抢劫的满意度最低

分析表明，在公共安全保障状况评价上，受访者对防范和打击恐怖暴力活动、防范处理邪教现状的满意度最高，满意度得分分别为 3.78 分和

3.70分，接近比较满意的水平（"比较满意"为4分）。对公共场所安全保障、突发事件应急管理、打击和取缔黑社会性质团伙、保障安全生产、杜绝黄赌毒的满意度得分分别为 3.56 分、3.54 分、3.54 分、3.50 分和 3.47 分，对打击偷盗抢劫的满意度得分最低，为 3.34 分（见表6-3）。从满意人数百分比来看，非常或比较满意的比例最高的是防范和打击恐怖暴力活动，为 62.7%；较低的是保障安全生产和打击偷盗抢劫，分别为 49.4% 和 47.2%。可见，在公共安全治理方面，应进一步加强打击偷盗抢劫等，加强联动管控和排查整治，提升居民的公共安全感。

表6-3　　　　　受访者对公共安全保障状况的满意度

	样本量（个）	均值（分）	表示满意的人数比例（%）
防范和打击恐怖暴力活动	3 088	3.78	62.7
防范处理邪教	3 091	3.70	59.1
公共场所安全保障	3 156	3.56	54.3
突发事件应急管理	3 112	3.54	51.2
打击和取缔黑社会性质团伙	3 089	3.54	53.3
保障安全生产	3 094	3.50	49.4
杜绝黄赌毒	3 124	3.47	51.3
打击偷盗抢劫	3 153	3.34	47.2

注：满意＝非常满意＋比较满意。

五、对公用事业产品价格及基础设施建设的看法

（一）在一些公用事业产品中，受访者认为价格最贵的是汽车加油，其次是手机通讯和家庭上网；水平居中的是居民生活用水、用电、用气；价格最便宜的是市内公共交通

调查显示，对于问卷所列七项价格，受访者认为相对最贵的是汽车加油，得分为 3.83 分，接近"比较贵"的水平；其次是手机通讯和家庭上网，分别为 3.59 分和 3.55 分；水平居中的是居民生活用水、用电、用气，

分别为 3.48 分、3.43 分、3.35 分；相对最便宜的是市内公共交通，为 2.74 分，低于"一般"水平（见表 6-4）。受访者认为这些公共产品价格贵的人数比例，位于前列的是汽车加油、手机通讯，分别为 59.6%、52.0%；比例最低的是市内公共交通，为 15.2%。

表 6-4　　　　受访者对一些公共事业产品价格现状的评价

	样本量（个）	均值（分）	认为价格贵的人数比例（%）
居民生活用水	3 153	3.48	45.9
居民用电	3 154	3.43	42.3
居民用气	3 085	3.35	37.1
家庭上网	3 041	3.55	48.2
手机通讯	3 142	3.59	52.0
市内公共交通	3 145	2.74	15.2
汽车加油	2 906	3.83	59.6

注：价格贵 = 非常贵 + 比较贵。

在我国经济增长速度换挡、结构调整阵痛的过程中，可能面临物价与经济增长难以平衡、生活必需品价格过快上涨的风险。调查显示，对于"生活必需品价格过快上涨"的风险，受访者的承受力评分为 1.99 分，低于"比较不能承受"水平；有 74.2% 的受访者表示不能承受，16.4% 的人表示承受力一般，表示能承受的仅占 8.8%。

（二）在城镇基础设施建设方面，受访者认为首先应加强排污和垃圾处理设施的建设，其次应加强防洪防涝设施、停车场（停车位）等的建设

分析表明，对于问卷列举的一些基础设施，受访者认为加强这些基础设施建设的迫切程度均接近或超过"比较迫切"。其中，加强排污和垃圾处理设施建设的迫切程度最高，得分为 4.27 分；其次是加强防洪防涝设施和停车场（停车位）的建设，得分分别为 4.17 分和 4.15 分；再次是加强公共交通设施，公共文化体育设施，供水、供电、供气设施，公园绿地建设，分别为 3.89 分、3.86 分、3.83 分和 3.83 分；加强互联网基础设施建设的迫切程度相对最低，为 3.70 分。就认为迫切需要加强的人数百分比来

看,排污和垃圾处理设施建设的比例最高,为 80.9%;防洪防涝设施和停车场(停车位)建设的比例次之,分别为 75.9% 和 75.5%;互联网基础设施建设的比例最低,为 53.5%(见表 6-5)。

表 6-5　受访者对加强城镇基础设施建设的迫切性评价

	样本量(个)	均值(分)	认为迫切的人数比例(%)
排污和垃圾处理设施	3 146	4.27	80.9
防洪防涝设施	3 130	4.17	75.9
停车场(停车位)	3 092	4.15	75.5
公共交通设施	3 147	3.89	66.4
公共文化体育设施	3 119	3.86	62.3
供水、供电、供气设施	3 147	3.83	61.3
公园绿地	3 147	3.83	64.5
互联网基础设施	3 064	3.70	53.5

注:迫切=非常迫切+比较迫切。

六、结论与建议

(一)主要结论

第一,受访者对一些社会问题尤其是影响健康的问题较为担心,但担心程度较 2015 年明显下降。调查显示,在一些社会问题中,居民目前最担心的是食品药品不安全,其次是环境污染,再次是社会风气败坏、房价过高等。可见,由于近些年食品药品安全方面出现的诸多问题,环境保护形势的日益严峻,居民对食品药品不安全、环境污染问题高度担心,反映出居民对健康生活的强烈追求,对政府加强和完善这些方面的监管提出了迫切要求。年度比较分析发现,2016 年城镇户籍居民对一系列社会问题的担心度比 2015 年都明显下降。

第二,受访者认为我国收入差距较大。受访者比较担心我国贫富差距扩大问题,认为目前我国收入差距非常大或比较大的比例高达 91.5%。受访者认为缩小收入差距的最重要措施是明显增加低收入劳动者的收入，其次是遏制以权力、行政垄断等不公平因素获取收入。另外，居民对于出现自身收入增长放缓或收入下降的情况的承受能力较低。解决收入差距问题不仅需要提高居民实际收入，更需要解决收入分配公平问题。

第三，受访者对社会诚信环境的评价一般。受访者认为当前社会诚信环境一般，对社会诚信度评价很高或者较高的人数比例为34.5%，评价一般的人数比例为47.6%；特超大城市、26~35岁、学历越高、收入越高的受访者对社会诚信环境评价更差，这意味着在物质生活明显改善的情况下，人们越来越期待良好的社会风气和道德风尚。受访者整体上对网店的信任度很低，对网约专车司机、政府官员的信任度较低，对专家的信任度也较低；其中18~25岁人群、学生人群对网店的信任度相对较高。

第四，受访者关注公用事业产品价格，期待加强基础设施建设。在公用事业产品价格方面，受访者认为汽车加油、手机通讯和家庭上网等公用事业产品价格"偏贵"，价格最便宜的是市内公共交通。受访者对生活必需品价格过快上涨的心理承受力很低。这说明政府在现阶段应特别注意确保粮食、食用油、肉类、蔬菜、水果等生活必需品供应及市场稳定，及时发放物价补贴，保障低收入群体基本生活。在基础设施建设方面，受访者认为较为迫切的是加强排污和垃圾处理设施、防洪防涝设施、停车场（停车位）等设施的建设。

（二）政策建议

第一，加强政府对食品药品安全、环境保护的监管，提升公众对社会环境的满意度。对于食品药品安全问题，强化对食品药品源头污染的治理，加大监督检查力度，制定明确的法规章程，严厉打击违法行为；加强食品药品行业自律，充分发挥行业协会的积极作用；加强舆论监督，提高公众的食品药品安全意识。对环境污染问题，增加科技投入，因地制宜地开发或引进无废、少废、节水、节能的新技术、新工艺，筛选、评价和推广环境保护适用技术。把环保产业列入优先发展的领域，开发和推广先进实用的环保装备，积极发展绿色产品生产，建立产品质量标准体系，提高环保产品质量。运用经济手段保护环境，对污染治理、"三废"综合利用和自然保护等有利于保护和改善环境的项目，给予必要的奖励和信贷、税收、价格优惠等。

第二，正视收入差距问题，解决收入分配领域的突出矛盾。积极采取初次分配和再分配领域的一系列改革措施，抑制收入差距的扩大。改善中低收入阶层的生活状况，培育中等收入阶层，形成促进分配公平的制度环境。保护劳动所得，多渠道增加居民财产性收入，减轻中低收入者税负，加大对高收入者税收调节力度，强化对非法收入的打击取缔。建立公平开放透明的市场规则；将垄断行业的可竞争环节与自然垄断环节分开，对前者引入市场竞争，对后者加强政府监管。

第三，完善社会救助制度，解决福利依赖问题。进一步明确公民救助权利与义务、实施救助的责任主体、救助过程中的程序方式和救助标准，以及退出机制等问题；强调贫困人口的资产和能力建设，把"输血"和"造血"有机结合起来，鼓励和帮助受救助者自力更生、自立自强。救助措施不能仅仅局限于物质层面，而要更加注重社会关系需求的服务提供。不仅要提供物质帮助，还要在教育、医疗、就业等其他方面提供帮助，关注精神资源的分配和社区团结、社区融入等问题。

第四，建设诚信政府，加快社会信用法制建设。要充分发挥政府在诚信建设上的主导作用，加快完善诚信法规体系，强化诚信监管，整治危害社会诚信的各种行为，构建诚信激励机制，着力创建良好的诚信社会环境。保护投资者及存贷款人等的合法权益，明确对失信企业和个人的惩戒尺度，加大对失信违约的企业和个人的处罚力度，对政府部门有关的责任人应追究行政责任，提高执法水平，使法律制度能真正起到规范市场信用行为的作用。

第五，完善公用事业产品价格形成机制，稳定生活必需品价格水平。提高人民群众对公用事业产品价格的满意度，根本途径在于完善主要由市场决定价格的机制，减少政府对价格形成的干预，放开电力、石油、天然气、交通运输、电信等领域竞争性环节价格，完善水价形成机制等。同时，应大力破除各种形式的行政垄断，促进公平竞争。稳定以农副产品为主的生活必需品市场价格，坚持扶持生产、保障供应与抑制不合理需求相结合，加强价格调控监管；落实和完善社会救助、保障标准与物价上涨挂钩的联动机制，根据经济运行实际情况，对困难人群发放价格临时补贴。

第七篇
围绕突出民生问题　加强社会政策托底[*]

——2016 年改革民意问卷调查研究专题报告六

居民的工作、收入、消费等状况，及其面临的个人和家庭问题，既能反映居民的生活状态，也能映衬出国家关于民生保障、全面小康社会建设等政策实施的具体成效。本报告将基于 2016 年城镇居民问卷调查数据，描述居民的工作满意度与危机感、收入满意度、家庭生活满意度、对个人和家庭问题的担心程度等方面状况，分析其中的人群差异，并提出相关政策建议。

> **要　点**
>
> ◇ 2/5 的受访者对自身工作岗位表示满意；分人群看，工作满意度较高的是国家干部、高收入人群，较低的是无业失业半失业人员、低收入人群。
> ◇ 接近六成的人对自身家庭生活表示满意；个私经营者、无业失业半失业人员、低家庭收入人群的满意度低于其他人群。
> ◇ 受访者最担心的个人家庭问题是生病没钱治疗、子女上学难上学贵，其次是家庭收入减少或经济困难、老年没有生活保障。
> ◇ 分人群看，对个人家庭问题的总体担心度最高的是无业失业半失业人员、18~35 岁人群、低家庭收入人群。

---

[*] 执笔人：赵雷。

一、对工作和家庭生活的评价

（一）2/5 的受访者对自身工作岗位表示满意；分人群看，工作满意度较高的是国家干部、高收入人群，较低的是无业失业半失业人员、低收入人群

工作岗位是社会中每个劳动者实现社会价值和自我价值的重要依托。调查数据显示，39.1% 的受访者[①]对自身工作岗位的满意度非常大或比较大，47.3% 的受访者满意度一般，7.0% 的受访者满意度非常小或比较小，6.6% 的受访者表示无法选择；受访者对工作的满意度平均值为 3.43 分。单因素方差分析表明，城镇居民对工作的满意度受职业、文化程度、收入变量的显著影响（$\alpha = 0.05$，下同）。两两比较分析发现，分职业看，国家干部的满意度最高，无业失业半失业人员的满意度最低。分文化程度看，文化程度越高，对工作的满意度越高，本科及以上人群满意度最高，小学及以下人群最低。分收入水平看，个人月收入水平越高，工作满意度越高，反之越低；家庭人均月收入的影响相同（见图 7-1）。可见，在城镇居民中，工作满意度较高的是国家干部、本科及以上人群、月收入 5 001 元及以上人群，较低的是无业失业半失业人员、小学及以下人群、月收入 500 元及以下人群。

整体而言，居民对自身工作岗位的满意度不高，介于"一般"与"比较大"之间。究其原因，从宏观层面来看，当前我国经济发展进入新常态，经济增速放缓，导致就业形势严峻；从微观层面而言，由于经济增速放缓，各行业发展动力下降，导致员工工资水平、福利待遇等普遍下降，对工作的满意度不高。

[①] 关于工作满意度和危机感的分析排除学生和退休人员。下同。

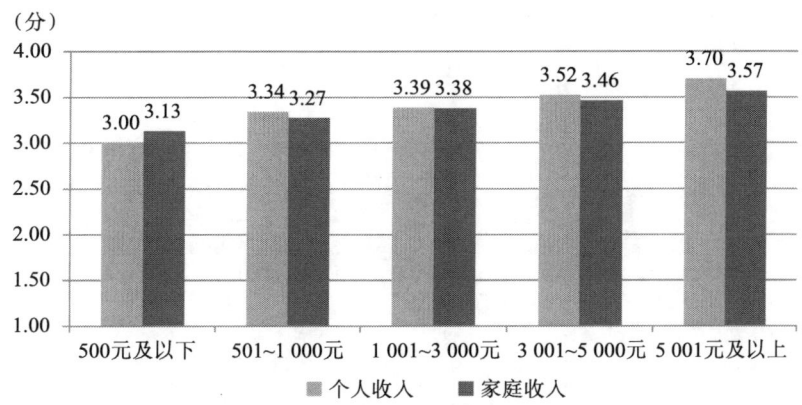

图 7-1　不同收入人群对工作的满意度

（二）2/5 的受访者工作危机感大；分人群看，个私经营者、26~45 岁人群、低收入人群工作危机感较大，国家干部、最高年龄组即 56~64 岁人群工作危机感相对较小

调查数据显示，38.1% 的受访者表示工作危机感非常大或比较大，38.1% 的受访者表示工作危机感一般，17.5% 的受访者表示非常小或比较小，6.3% 的受访者表示无法选择；受访者的工作危机感平均值为 3.27 分。分析表明，城镇居民的工作危机感受职业、年龄、家庭人均月收入、城市规模变量的显著影响。两两比较发现，分职业看，国家干部的工作危机感最小，个私经营者最大（见图 7-2）。分年龄看，26~35 岁人群、36~45 岁人群的工作危机感最大，56~64 岁人群最小。分家庭人均月收入看，501~1000 元人群、500 元及以下人群的工作危机感高于其他更高收入人群。分城市规模看，中小城市人群的工作危机感最大，大城市人群的工作危机感相对最小。值得注意的是，个私经营者、经理人员的工作危机感高于无业失业半失业人员，这反映了经济发展新常态下企业经营管理者面临突出压力。

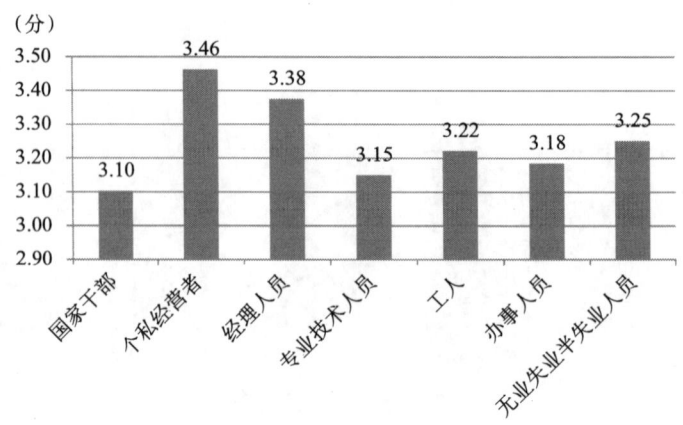

图 7-2 不同职业人群的工作危机感

（三）接近六成的人对自身家庭生活表示满意；分人群看，国家干部、高家庭收入人群对家庭生活的满意度较高，个私经营者、无业失业半失业人员、低家庭收入人群满意度较低

对于自身家庭生活，57.8%的受访者表示满意度非常大或比较大，34.6%的受访者表示满意度一般，6.8%的受访者表示满意度非常小或比较小，0.9%的受访者表示无法选择；受访者对家庭生活的满意度平均值达到3.75分。分析表明，城镇居民对家庭生活的满意度受职业、年龄、文化程度、收入变量的显著影响。两两比较发现，分职业看，国家干部对家庭生活的满意度远高于其他人群，个私经营者满意度最低，无业失业半失业人员也较低。分年龄看，18~25岁人群对家庭生活的满意度明显最高，46~55岁人群的满意度最低。分文化程度看，本科及以上人群对家庭生活的满意程度最高，初中人群满意度最低。分个人月收入看，501~1 000元人群对家庭生活的满意度最低；分家庭人均月收入看，收入水平越高，满意度越高（见图7-3）。

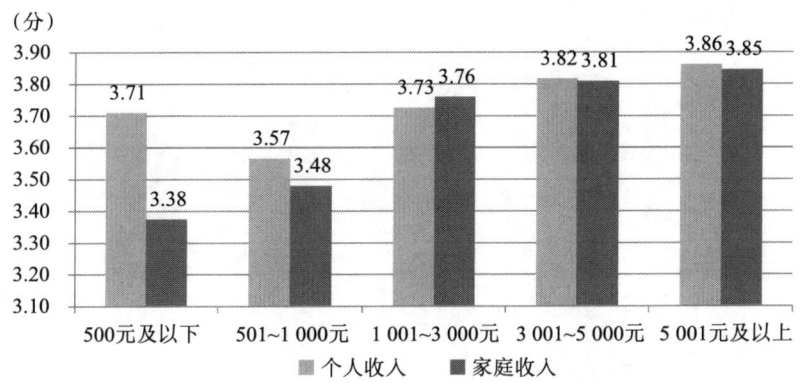

图 7-3 不同收入人群对家庭生活的满意度

二、收入满意度与消费需求

（一）受访者对自身收入水平的满意度整体偏低，国家干部、56~64 岁人群、高文化程度人群满意度相对较高，无业失业半失业人员、26~45 岁人群、低文化程度人群满意度较低

数据表明，受访者中对自身收入水平表示非常满意或比较满意的占 19.5%，满意度一般的占 36.1%，不太满意或很不满意的占 39.6%，无法选择的占 4.8%；受访者满意度平均值为 2.68 分。这表明城镇居民对自身收入水平整体上满意度偏低。分析表明，居民对自身收入水平的满意度受职业、年龄、文化程度、城市规模和地区变量的显著影响。两两比较发现，分职业看，国家干部对自身收入水平的满意度最高，无业失业半失业人员满意度最低（见图 7-4）。分年龄看，56~64 岁人群对自身收入水平满意度最高，26~35 岁人群满意度最低。分文化程度看，大致趋势是文化程度越高满意度越高，小学及以下人群满意度最低，本科及以上人群最高。分城市规模看，大城市人群对自身收入水平的满意度高于特超大城市人群与中小城市人群。分地区看，东部人群对自身收入水平的满意度明显高于中部人群和西部人群。

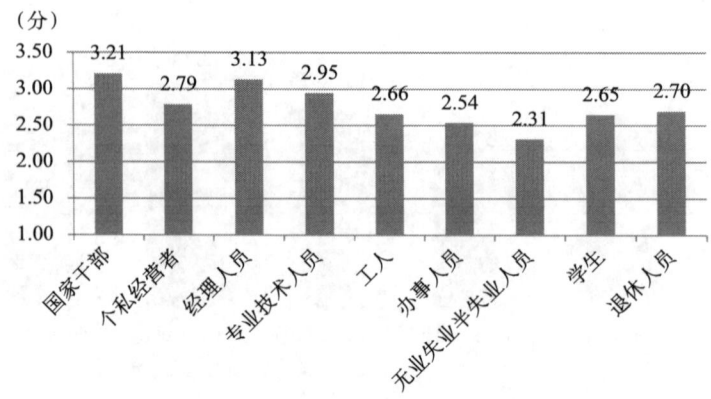

图 7-4　不同职业人群对自身收入水平的满意度

（二）预计未来 5 年，受访者消费上升幅度最大的是子女教育方面的支出，其次是赡养老人支出，再次是医疗健康等支出

数据分析表明，预计未来 5 年，受访者消费支出上升幅度较大的项目是"子女教育"，评分为 3.92 分；其次是"赡养老人"，评分为 3.85 分；"医疗健康""旅游""购房或租房"的评分都超过 3.5 分。就可能会上升的受访者比例来看，较高的是"子女教育""医疗健康"，分别为 62.9%、62.6%；随后是"赡养老人"，为 60.2%；然后是"旅游"，为 52.4%（见表 7-1）。

表 7-1　受访者未来 5 年各项消费支出倾向　　　　（单位：%）

消费支出项目	上升	基本不变	下降	无法选择
旅游	52.4	33.5	8.6	5.5
体育健身	40.4	47.1	7.9	4.5
文化娱乐	40.7	47.0	8.7	3.5
医疗健康	62.6	30.9	5.0	1.5
子女教育	62.9	23.8	5.5	7.8
自身学习	37.8	50.0	8.8	3.4
赡养老人	60.2	30.9	3.3	5.6
购房或租房	42.5	40.9	7.9	8.8
购买汽车	38.5	39.5	8.4	13.6

注：上升 = 明显上升 + 有所上升；下降 = 有所下降 + 明显下降。

三、对个人和家庭问题的担心度

(一)受访者目前最担心的个人家庭问题是"生病没钱治疗""子女上学难上学贵",其次是"家庭收入减少",再次是"家庭经济困难""老年没有生活保障"

数据分析显示,受访者目前最担心的个人和家庭问题是"生病没钱治疗""子女上学难上学贵",担心度评分均为3.97分;其次是"家庭收入减少",为3.91分;再次是"家庭经济困难""老年没有生活保障",分别为3.79分、3.77分(见图7-5)。就表示担心的受访者比例来看,最高的是"生病没钱治疗",比例高达72.0%;其次是"家庭收入减少",为70.0%;然后是"子女上学难上学贵""老年没有生活保障""家庭经济困难",比例都超过60%。

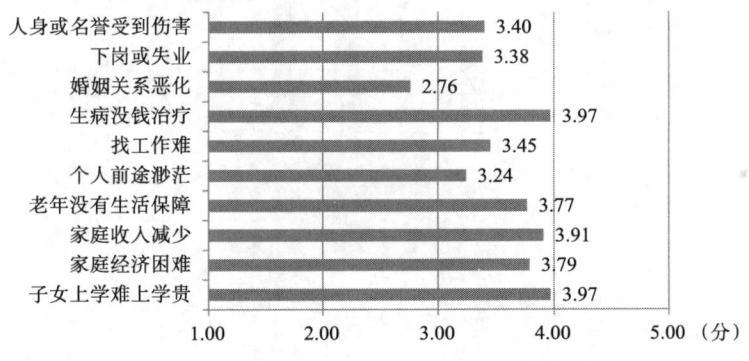

图7-5 受访者对个人和家庭问题的担心度

(二)无业失业半失业人员、18~35岁人群、低家庭收入人群对个人家庭问题的总体担心度最高,退休人员、高家庭收入人群担心度相对较低

为了分析居民对个人和家庭问题的总体担心程度及影响因素,我们将图7-5所列的10个方面的担心变量加总取平均,得到一个新的变量即

"居民对个人和家庭问题的总体担心度"。数据显示,受访者对个人和家庭问题的总体担心度平均分为3.59分,介于"一般"与"比较担心"之间。分析表明,居民对个人和家庭问题的总体担心度受职业、年龄、收入、城市规模和地区变量的显著影响。两两比较发现,从职业看,无业失业半失业人员对个人和家庭问题的总体担心度最高,其次是学生、个私经营者、工人,退休人员最低(见图7-6)。从年龄看,26~35岁人群对个人和家庭问题的总体担心度最高,达到3.76分;18~25岁人群次之,为3.72分;56~64岁人群最低,为3.28分。从个人月收入看,501~1 000元人群的总体担心度明显高于其他收入人群。从家庭人均月收入看,500元及以下人群对个人和家庭问题的总体担心度最高,并随家庭收入的增长而不断降低(见图7-7)。从城市规模看,中小城市人群总体担心度最高,最低是大城市人群。从地区看,东部人群的总体担心度最低,西部人群居中,中部人群最高。

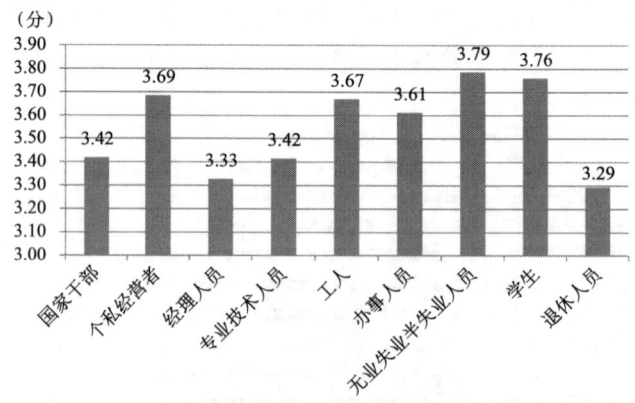

图7-6 不同职业人群对个人和家庭问题的总体担心度

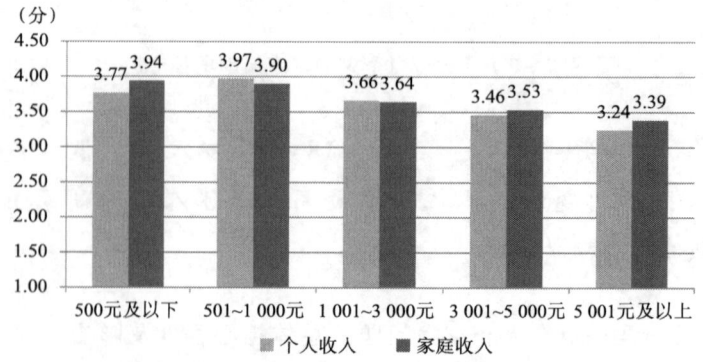

图7-7 不同收入人群对个人和家庭问题的总体担心度

四、结论和建议

(一) 基本结论

第一,近六成的受访者对家庭生活的满意度较高。调查显示,57.8%的受访者表示对家庭生活的满意度非常大或比较大;受访者对家庭生活的满意度平均值达3.75分。城镇居民的家庭生活满意度高对维护社会和谐稳定、形成积极向上的社会正能量来说是一个较大的积极因素。但同时,38.1%的受访者表示工作危机感非常大或比较大;39.6%的受访者对自身收入水平不够满意,受访者对自身收入的满意度平均值仅为2.68分。这说明在目前的宏观经济形势下,实施更加积极的就业政策,进一步稳定就业、促进居民增收至关重要。

第二,受访者目前比较担心的个人家庭问题是生病没钱治疗、子女上学难上学贵、家庭收入减少或经济困难、老年没有生活保障等。现阶段,我国医疗服务资源总量不足、分布不合理、优质资源匮乏等问题依然突出,导致看病难看病贵的问题一直缠绕在人们心头,加之我国医疗保险制度不健全,进一步加剧了人们对生病没钱治疗的担忧。教育、养老等公共服务也明显存在供给不足、供需不能有效对接等问题。经济发展新常态下各种不确定因素的增加,则加剧了居民对家庭收入减少或经济困难的担心。

第三,无业失业半失业人员、低收入人群对工作、生活和收入的满意度都较低;个私经营者工作危机感较大。分人群看,国家干部、高收入人群工作满意度较高,工作危机感较低,家庭生活和收入满意度较高,对个人家庭问题的总体担心度较低。而无业失业半失业人员、低收入人群工作满意度较低,工作危机感较大,家庭生活和收入满意度较低,对个人和家庭问题的总体担心度较高。18~35岁人群对个人和家庭问题的总体担心度较高,26~45岁人群收入满意度较低。个私经营者工作危机感较大,家庭生活满意度较低,显然,目前宏观经济形势不理想给个私经营者带来了较大压力。

第四，预计未来5年，受访者消费上升幅度较大的是子女教育、赡养老人、医疗健康等方面的支出。供给侧结构性改革的最终目的是满足需求。不断扩大教育、养老、医疗等服务领域有效供给，提升居民消费能力，释放居民消费需求，是培育经济发展新动能的重要抓手。而且，我国正处于全面建成小康社会决胜阶段，如何在教育、养老、医疗等民生领域实现小康，对于确保如期全面建成小康社会甚为关键。

（二）对策建议

第一，加强基础职业培训，努力拓宽就业面。目前我国经济增速趋缓，客观上对就业形势产生了一定影响，挤压了就业总体规模。尤其是传统产业的转型升级，淘汰落后产能，导致一些结构性和转型性失业，就业形势严峻。为了提高人们对工作的满意度，降低工作危机感，必须不断适应企业转型升级的实际需要，加强基础职业培训，积极拓宽就业面，并通过劳动者技能提升，增加其实际收入。应大力鼓励以创业带就业，对有创业意愿的产能过剩行业职工和失业人员，提供有针对性的创业指导和服务。

第二，深化医疗卫生体制改革，持续解决人们看病难、看病贵的问题。随着人们的生活水平及健康需求不断提高，我国医疗卫生资源总量不足、结构不合理、分布不平衡等问题日显突出，深层次体制机制矛盾亟待解决，医疗卫生改革任务更为艰巨。应继续深化城市公立医院综合改革、推进全民医保制度建设、加强分级诊疗制度建设、深化药品医疗器械审评审批制度改革等，实现医疗卫生资源的合理配置，持续解决人们看病难、看病贵的问题。

第三，继续推进教育体制改革，提供更高水平的基本公共教育服务。一是要努力解决教育的公平性问题，形成真正意义上的惠及全民的公平教育。二是需要激发市场活力，通过大力发展民办教育、职业教育等，提供更加丰富的教育资源。三是要持续巩固九年制义务教育，全面落实对家庭经济困难学生进行帮扶的政策，保障这一部分人群接受教育的权利。四是要健全教育资助制度和助学体系，完善奖学金、助学金制度，落实国家助学贷款政策，帮助困难家庭学生顺利完成学业。

第二部分

社会治理问题调查报告

第八篇
精准扶贫何以精准?*

——广西脱贫攻坚推进情况调研报告

内容摘要：广西精准扶贫措施亮点包括：完善精准识贫机制和手段，积极运用大数据、电商等新技术新模式，因地制宜发展特色种养、乡村旅游等产业，建立贫困退出和脱贫摘帽激励机制等。但是，仍面临不少困难和问题，如：现存贫困人口贫困程度深，脱贫条件差；贫困地区产业发展难，易地扶贫搬迁就业安置难；贫困边缘人员与贫困户政策待遇差距大，引发基层矛盾；部分贫困群众存在"等、靠、要"思想等。建议提升扶贫开发工作的制度化、法制化程度，进一步完善扶贫开发的精确瞄准机制，健全激发贫困人口内生动力的体制机制等。

为贯彻落实党中央、国务院关于打赢脱贫攻坚战的决定和部署，为脱贫攻坚推进实施工作提供决策研究支持，2016年10月底，本课题组在广西壮族自治区就精准扶贫与脱贫攻坚问题进行了实地调研。课题组深入走访南宁市马山县，北海市合浦县、海城区、银海区等地的乡镇、贫困村及贫困户、田间地头、扶贫产业园，并与自治区区直相关部门展开座谈，获得大量一手资料。调研发现，广西通过创新扶贫机制、利用新技术新模式、因地制宜发展特色产业等，提高了扶贫工作的精准度与成效，同时也

---

* 执笔人：胡杰成、赵春飞。

面临一些困难和问题,需进一步完善精准识贫、精准施策和精准脱贫的体制机制。现将调研情况报告如下:

一、广西脱贫攻坚工作总体情况

广西集"老、少、边、山、库"于一身,是全国脱贫攻坚的主战场之一。"十二五"期间,广西扶贫工作取得明显成效。全区贫困人口从2010年末的1 012万人减少到2015年末的452万人,累计减少贫困人口560万人,贫困发生率从23.9%下降到10.5%。但由于历史因素、经济基础和自然条件等复杂原因,目前广西贫困面大、贫困人口多、贫困程度深的状况仍未全面改善。2015年底,全区贫困人口总数居全国第四位;贫困发生率比全国平均水平(5.7%)高4.8个百分点。全区111个县(市、区)中,105个有扶贫开发工作任务,54个属于贫困县,33个为国家扶贫工作重点县、滇桂黔石漠化片区县;贫困发生率超过25%的有5个。全区16 197个村委会(社区)中,有5 000个贫困村,其中贫困发生率在25%以上的有1 632个,占32.6%;贫困发生率超过50%的有232个,有的甚至超过80%。脱贫攻坚任务仍然十分艰巨。

根据中央关于打赢脱贫攻坚战的总体部署,广西壮族自治区党委和政府坚持精准扶贫、精准脱贫基本方略,切实把脱贫攻坚作为最大的政治责任、最大的民生工程、最大的发展机遇,以"攻坚五年、圆梦小康"为主题,全力推进脱贫攻坚"八个一批""十大行动",确保到2020年贫困地区、贫困人口与全国全区同步实现全面小康,稳定实现扶贫对象不愁吃、不愁穿,义务教育、基本医疗和住房安全有保障,贫困县和贫困村农民人均可支配收入增幅均高于全区平均水平,贫困地区基本公共服务主要领域指标接近全区平均水平。

其中"八个一批"是指扶持生产发展一批、移民搬迁安置一批、生态补偿脱贫一批、教育扶智帮助一批、低保政策兜底一批、转移就业扶持一批、医疗救助解困一批、边贸政策扶助一批。前"五个一批"为中央提出,后"三个一批"为广西根据地方实际增加。"十大行动"包括特色产业富民、扶贫移民搬迁、农村电商扶贫、农民工培训创业、贫困户产权收益、基础设施建设、科技文化扶贫、金融扶贫、社会扶贫、农村"三留守"人员和残疾人关爱服务行动。

二、广西精准扶贫措施亮点

扶贫开发贵在精准，重在精准，必须解决好扶持谁、谁来扶、怎么扶的问题，做到扶真贫、真扶贫、真脱贫，切实提高扶贫成果可持续性，让贫困人口有更多的获得感。广西紧紧围绕精准扶贫、精准脱贫，采取了一系列政策措施，其主要亮点包括：

（一）完善精准识贫机制和手段，严防"富人当选穷人落榜"

在精准识别贫困户方面，广西壮族自治区精心设计了涵盖住房、种养、务工、健康、读书等18类98项指标的"精准识别入户评估表"。2015年10月至2016年1月，组织25万工作人员进村入户，运用"一进二看三算四比五议"方法，按照"两入户、两评议、两公示、两审核、一公告"程序，对贫困村所有农户、非贫困村在册贫困户和新申请贫困户的农户逐家逐户调查识别。为防止"富人当选"，设置了"八个一票否决"，组织编办、公安、财政、国土、住建、国税、工商等部门联合开展财产检索，运用大数据手段，检索出符合"八个一票否决"条件的农户50多万户，有大额财产农户家庭成员62.5万人。

在精准识别贫困村（屯）方面，广西壮族自治区对纳入脱贫攻坚的5 000个贫困村中的自然村（屯）进行全面识别，找准致贫原因、脱贫需求，实行差异化扶持。对生态脆弱、不具备基本生存条件，以及居住过于分散、基础设施和公共服务设施配套难等需要移民搬迁的自然村（屯）进行精准识别，制定移民搬迁方案。

（二）积极运用大数据、电商等新技术新模式，助力脱贫攻坚

广西壮族自治区投资 4 900 万元，正在建设全区脱贫攻坚大数据平台，推进脱贫攻坚行动科技化、信息化，对贫困自然村（屯）、贫困户逐村（屯）逐户进行建档立卡登记、录入数据库，实现数据集中、服务下延、互联互通、信息共享。马山县是国家扶贫开发工作重点县，目前该县已搭建并应用四套扶贫信息采集管理系统，包括精准扶贫业务信息采集系统、建档立卡信息登记系统、帮扶人平台和移民搬迁数据平台；配备 800 台终端采集本、800 个移动电源、152 套无线路由设备，实现对全县 71 734 户312 707 人评估信息的即时录入、统计和分析，为实行差异化、精细化、"滴灌式"帮扶，确保项目、资金、力量精准帮扶到位提供了可靠依据和保证。

近年来，我国电子商务发展突飞猛进，也为精准扶贫带来了新思路。广西一些地区就在电商扶贫方面进行了富有成效的探索。较典型的如马山县的"空店"科技精准扶贫新模式。马山县与相关企业合作，利用"互联网+"建立"空中农贸市场"，把电商线下店延伸到村一级，将贫困农户现有的农产品包装成"百元包"，等价销售到城市社区，助推贫困户增收，实现"用嘴扶贫"。2016 年 9 月底，全县 75 个贫困村"空店"收购点全部上线，辐射带动周边贫困户 13 509 户。在第一个"空店赶圩日"，全县就收购了"百元包"787 个，给 360 多户贫困户带来直接收入 78 700 元。

（三）因地制宜发展特色种养、乡村旅游等，大力推动产业扶贫

广西壮族自治区大力扶持贫困地区产业发展，引导各地面向市场需求，因地制宜发展特色优势产业，推动产业扶贫。在普遍存在的石漠化山区，由于土地贫瘠、耕地面积少、生存条件恶劣，各地从自身实际出发，启动实施了一批特色种养、乡村旅游、林下经济等产业扶贫项目，取得良好成效。例如，马山县结合石山地区生态特点，以金银花种植为突破口，以农民专业合作社为推手，以瑶族传统民俗文化为载体，以乡村旅游为卖点，探索出了一条石漠化山区脱贫致富的有效路子，实现了给石头戴上

"金帽子",让农民住进"金银楼"。以古寨瑶族乡古朗屯为例,该屯 2015 年人均纯收入 6 800 元,比 2011 年增加 4 750 元,贫困人口由 2013 年的 29 户 104 人减少到 2015 年的 1 户 3 人。在马山县古寨瑶族乡、加方乡、里当瑶族乡等石漠化山区,目前群众流传"哪家有花哪家发,哪村旅游哪村强"的民谣。

从组织形式来看,各地充分发挥农民合作社、龙头企业等在带动贫困户发展特色产业、实现增收方面的积极作用。如,北海市合浦县白沙镇虎塘村发展阉鸡养殖项目,组织成立了贫困户入股的农民专业合作社,由某养殖龙头企业支持种苗、进行技术培训指导和帮助销售产品等,按股分红,带动了全村 127 户贫困户通过养鸡增收脱贫。合浦县山口镇山东村以合作社形式集中连片开发,发展指天椒种植 88 亩,贫困户参股分红,贫困户预期收益达到每户每年 1 万元以上。

(四)精准实施教育和医疗扶贫,着力改善贫困人口的人力资本状况

在教育扶贫方面,广西壮族自治区实施"教育帮扶八大计划",即幼儿园帮扶、义务教育薄弱学校帮扶、高中阶段教育帮扶、县级中专帮扶、高等教育帮扶、特殊教育帮扶、学生学业帮扶和教师队伍帮扶,全面覆盖教育各阶段、各环节。对贫困户子女实行从幼儿园到高中共 15 年的免费教育;对贫困学生实行"四个 100%",即 100% 贫困学生获得精准资助,100% 贫困学生得到结对帮扶,100% 贫困初中毕业生升入高中阶段学校就读,100% 中职学校、高等学校贫困毕业生顺利就业创业,确保"上学一人、就业一人、脱贫一户"。2016~2020 年,计划资助农村建档立卡贫困户家庭学生人数 411.98 万人;就业帮扶建档立卡高校毕业生 9.87 万人。

在医疗扶贫方面,对全区因病致贫、因病返贫贫困人口进行专项调查,进一步核准了患病群众的基本信息、患病病种、病情、费用负担等情况。不断减轻贫困群众参合和看病就医负担,落实财政经费 1.48 亿元,对全区 452 万贫困人口 2016 年参加新农合个人缴费部分给予 60% 的参合补助。调整提高贫困参合人员新农合住院报销比例 5 个百分点,同时适当提高门诊费用报销比例。实施贫困地区基层医疗卫生机构"先诊疗、后付

费"医疗服务模式试点工作，2015年选择15个贫困县先行试点，2017年推广覆盖全区54个贫困县。投入4 220万元，对31个贫困县的43个乡镇卫生院进行基层医疗机构标准化建设。

(五) 搭建省级和县级扶贫融资平台，推进易地扶贫搬迁

"十三五"期间，广西壮族自治区计划搬迁100万贫困人口，占全国的10%。2016年计划搬迁33万人，其中建档立卡贫困人口30万人。为此，广西壮族自治区不仅印发了《广西易地扶贫搬迁"十三五"规划》及一系列配套政策，强化组织保障、成立自治区移民搬迁专责小组，还在全国率先组建了省级易地扶贫搬迁融资平台——广西农村投资集团，采取"统贷统还"模式进行融资，督促指导全区有搬迁任务的79个县（市、区）组建或优化了79个负责本地区易地扶贫搬迁项目建设的国有独资公司。组织各地签订政府购买服务协议和六方协议，转借下达融资资金。截至9月底，2016年度长期贴息贷款总额105亿元、地方债30亿元、专项建设基金15亿元已全部完成承接转借下达。

同时，印发实施专项融资资金管理办法，将易地扶贫搬迁业务与其他业务物理隔离、封闭运行，按照年度实施计划、项目县实际用款需求和使用进度，做好专项建设资金、地方债和贴息贷款的有效衔接，确保各渠道资金专款专用、协调联动，避免出现资金挤占、挪用、沉淀等问题。

(六) 建立贫困退出和脱贫摘帽激励机制，确保如期实现脱贫目标

广西壮族自治区对国家"两不愁、三保障"标准进行了细化、量化，结合实际分别制定了贫困户、贫困村、贫困县退出标准。比如，贫困户退出标准为"八有一超"，即有收入来源、有住房保障、有基本医疗保障、有义务教育保障、有路通村屯、有饮用水、有电用、有电视看和年人均纯收入超过国家扶贫标准。贫困县退出标准为"九有一低于"，即有特色产业、有住房保障、有基本医疗保障、有义务教育保障、有路通村屯、有饮用水、有电用、有公共服务设施、有社会救助和贫困发生率低于3%。其

中,对贫困户脱贫实行"双认定",贫困户户主和验收工作队员及帮扶责任人在验收表上共同签字确认,防止"被脱贫"。同时,利用广西脱贫攻坚大数据管理平台,对扶贫建档立卡信息实行"季度小更新、半年大更新、年度全更新",将已经脱贫的贫困户及时退出。

另外,出台《广西脱贫摘帽激励办法》,将全区54个贫困县、5 000个贫困村分成三个梯队,按年制定梯队滚动摘帽计划。贫困县、贫困村脱贫后,2020年底前保持扶持政策不变;并实行差别化奖励政策,对如期脱贫摘帽的贫困县、贫困村,分别给予3 000万元、10万元一次性奖励,对提前脱贫摘帽的,贫困县提前1年脱贫摘帽奖励1 000万元、提前2年奖励2 000万元。

三、广西精准扶贫面临的困难和问题

尽管广西精准扶贫与脱贫攻坚工作取得了阶段性成效,但调研发现,当地在精准识贫、精准施策和精准脱贫方面仍面临一些困难和问题,确保如期实现脱贫攻坚目标仍面临较大压力。

(一)现存贫困人口贫困程度深,致贫原因复杂,脱贫条件差

经精准识别,广西全区贫困分数在59分及以下的有41个县,其贫困人口达157万。这些贫困人口贫困程度很深,收入水平和其他设施水平很低,脱贫难度大。致贫原因也多样复杂、相互交织,因病、因学、因残和缺资金、缺技术、缺劳动力为全区贫困人口六大致贫原因。其中,缺资金占31.58%,因病占18.77%,因学占15.64%,缺劳动力占9.2%,因残占7.38%,缺技术占6.7%,同时具备三个因素的占23.54%。

经过多年的扶贫开发,容易脱贫的都已经基本解决,剩下的都是最难啃的"硬骨头"。在广西目前452万贫困人口中,85.6%分布在革命老区,21.4%在少数民族聚居区,49.6%在大石山区,8.7%在边境地区,6%在水库移民区。这些地区生存条件恶劣、基础设施薄弱、自然灾害频发、经济社

会发展滞后,是贫中之贫、困中之困,减贫成本更高、脱贫难度更大。

(二)贫困地区产业发展难,易地扶贫搬迁后续就业安置难

产业扶贫是促进贫困地区和贫困群众"自我造血"、有效脱贫的重要途径,虽然广西壮族自治区在这方面采取了大量政策措施,取得了一定成效,但总的来看,贫困地区产业发展依然薄弱。目前各地"短平快"的项目多,长效增收的产业项目少;种养项目多,特色项目少,而且种养项目同质性突出;尚未形成适合不同贫困类型的产业扶贫发展模式。

易地扶贫搬迁后续产业发展、就业安置是一个突出难题。广西有近一半贫困人口居住在大石山区,这些地区土地贫瘠,耕地面积少,干旱、水土流失、石漠化严重,缺企业、缺合作社带动,很多地方不具备发展产业的基本条件。这些地区贫困群众易地扶贫搬迁后,大多只能进行"无土安置",缺乏产业用地,产业配套设施建设也非常滞后,很难发展起一定产业支撑搬迁对象的就业安置,保证搬迁对象"搬得出"之后,能"留得住,有出路"。

例如,马山县"十三五"期间计划总搬迁38 648人,其中建档立卡贫困对象为35 443人,计划建设13个安置点。该县主要领导坦言,当前扶贫工作当中最困难的是"移民搬迁",尤其是"搬迁之后形成稳定产业不容易"。一些安置点水、路条件差,收入来源少,群众心理顾虑较大。

(三)贫困边缘人员与贫困户政策待遇差距大,引发基层矛盾

在新一轮脱贫攻坚中,各级政府均加大对贫困户的扶持力度,贫困户在产业开发、搬迁建房、子女上学等方面享受国家扶贫政策,获得大量的资金扶持和特惠政策,而非贫困户不能享受,但是实际上一些地方群众家庭状况接近,非贫困户与贫困户差别不大,政策待遇上却差距悬殊,导致那些仅略高于贫困标准线的贫困边缘人员出现心理不平衡,引发基层矛盾。特别是在易地搬迁建房方面,国家按人均6万元匡算投资,广西贫困户易地扶贫搬迁建房补助最低也有1.9万元/人,而非贫困户不能享受,即便是整体搬迁的随迁人口也仅享受8 000元/人的补助。另外,由于贫困识

别标准等方面原因,个别地方甚至出现贫困户家中拥有500多平方米楼房的案例。这明显不符合群众对贫困户的一般认识,也会带来基层群众对扶贫资源使用效率的质疑。

(四)部分贫困群众存在"等、靠、要"思想,脱贫内生动力不足

当前从中央到自治区关于脱贫攻坚的政策都比较完善,而且很多是特惠政策,也安排了干部帮扶联系贫困户。据广西扶贫部门和调研县市反映,从目前情况来看,个别地方、个别贫困群体依然存在"等、靠、要"的依赖思想,脱贫内生动力和首创精神不足,导致扶贫工作出现扶贫干部急、贫困户不急的现象。有些贫困户对送上门来的工作岗位态度冷淡、挑三拣四,甚至宁愿在家等救助,也不愿外出务工。有些贫困户不是把党和政府的关怀化作改变贫困落后的动力,不是与各级帮扶干部同频共振、锐意进取,而是不思进取,或是故意隐瞒收入,躺在《帮扶手册》上依赖帮扶。"等、靠、要"现象不仅违背扶贫开发促进贫困人口自我发展的价值导向,而且导致了扶贫资源的浪费,妨碍了扶贫成效的提高。

(五)经济相对发达地区贫困人口点多面广,精准扶贫难度大

长期以来,我国扶贫开发工作都侧重于贫困落后地区,但事实上经济相对发达地区往往也零星散布着一些贫困村庄,由于扶贫支持力度较弱,这些村庄很容易成为"灯下黑"。解决这些地区的贫困问题是目前精准扶贫工作的重要任务。北海市就是这方面的典型例子。北海地处沿海,虽然在广西各地市中经济相对发达,并没有贫困县(区),但2015年全市还有建档立卡贫困户10 236户43 439人,主要分布在全市329个行政村或涉农社区,贫困农户致贫原因包括因病、因残、因灾、因学、缺劳动力、缺技术、缺资金等十多个方面。这种点多面广、致贫原因复杂的现状,直接导致扶贫攻坚的资源难以整合形成连片开发集中帮扶,精准扶贫、精准脱贫的要求更高、难度更大。

另外,贫困村与非贫困村的贫困人口实际获得的帮扶也存在较大差

异。如北海市非贫困村贫困人口占全市贫困人口的 56.14%，各类专项资金主要投入贫困村，非贫困村成为脱贫攻坚的一块"短板"。

四、政策建议

基于对广西脱贫攻坚推进情况的实地调研，我们认为，为确保打赢脱贫攻坚战、完成全面建成小康社会最艰巨的任务，应进一步完善精准识贫、精准施策和精准脱贫的体制机制。具体建议如下：

第一，提升扶贫开发工作的制度化、法制化程度。防止扶贫开发工作短期化，大力提升精准扶贫工作机制和产业扶持、转移就业、易地搬迁、教育支持、医疗救助、社保政策兜底等扶贫措施的科学化、制度化程度，提升财政、金融、用地、科技、人才等方面扶贫支撑体系的稳定性、连续性。加快推动扶贫立法，对扶贫开发对象、扶贫开发规划、扶贫投入、扶贫开发项目管理等作出系统、明确的规定，使扶贫工作尽快走上法制化轨道。实现用制度预防贫困，用制度识别贫困，用制度帮扶贫困，用制度防止返贫，用制度提升扶贫精准度和成效。

第二，进一步完善扶贫开发工作的精确瞄准机制。应将扶贫开发与新农村建设区别开来，将现阶段扶贫开发的对象锁定在绝对贫困，重点集中于深度贫困，避免"富人当选"或选择少数村庄树样板、做盆景，保证扶贫开发扶真贫、真扶贫，提高有限扶贫资金的使用效率。通过进一步完善贫困人口精准识别指标体系及一票否决标准、基层民主监督机制、社会监督机制、第三方评估机制、动态调整机制等，提高贫困识别的精准性。推行贫困程度等级评估制度，分为极度贫困、深度贫困、较为贫困和一般贫困等不同等级，并采取一整套差异化帮扶措施。

第三，健全激发贫困人口内生动力的体制机制。继续宣扬自力更生、艰苦奋斗、勤劳致富的优良精神。着力加强对贫困人口的职业技能培训和对贫困学生的教育支持，提升贫困人口自我发展能力，避免贫困代际传递。进一步发挥农民合作社、乡镇企业、龙头企业等经济组织的积极作用，增强贫困农民的市场竞争能力和抗风险能力。大力发展产业扶贫，通过"以奖代补"等形式,对开展产业项目的贫困户进行奖补。建立贫困人口就业能力评估与就业推荐机制,及与之相关联的扶贫待遇审核机制,对无故不接受就业推荐或不参加公益劳动的,强制取消扶贫待遇。

第四,充分发挥大数据扶贫、电商扶贫等新路径的积极作用。大力推进扶贫开发工作信息化、数据化,加大经费投入,建设全国统一的精准扶贫综合信息平台,完善数据收集、储存、分析和利用机制,加强基层扶贫信息人才队伍建设,以"大数据扶贫"助力精准识贫、精准施策、精准发力和精准脱贫。总结推广一些地区电商扶贫的经验模式,逐步破解电商扶贫面临的难题,提升贫困地区物流基础设施水平,建设完善电商平台,加大贫困地区电商人才培训力度,提升农产品品质并推进其品牌化,鼓励建档立卡贫困户依托电商就业创业。

第五,不断创新和丰富精准扶贫的方式方法。例如,综合考虑一些边境地区的贫困落后状况与国家兴边稳边的战略需要,建议国家将兴边稳边与扶贫开发进一步结合起来,尤其要加大对 0~3 公里边境地区脱贫攻坚的支持力度,从扶贫政策、产业布局、基础设施、公共服务、资金投入等方面对边境地区给予倾斜支持,大力鼓励群众在边境地区生产生活、稳居扎根。又如,针对易地扶贫搬迁后续产业发展难、就业安置难问题,可以研究设立产业扶贫引导基金、产业发展基金等扶持平台,撬动社会资本参与安置点产业发展,支持龙头企业、合作社或经济能人等带动搬迁对象脱贫致富。

参考文献

1. 广西壮族自治区扶贫开发办公室:《广西脱贫攻坚工作情况》,2016 年 10 月。

2. 中共马山县委、马山县人民政府:《马山县 2016 年脱贫攻坚工作进展》,2016 年 10 月。

3. 北海市扶贫开发办公室:《北海市 2016 年脱贫攻坚工作情况》,2016 年 10 月。

第九篇
力推"大扶贫" 决战"最贫困"[*]

——贵州脱贫攻坚推进情况调研报告

内容摘要：贵州近年大力实施大扶贫战略行动，扶贫开发取得显著成效，积累了一系列经验，如"六个到村到户"精准扶持措施，易地搬迁扶贫的"五个三"经验、产业扶贫的"三变"模式、健康扶贫的"三重医疗保障"体系，以脱贫实效为中心的考核机制、扶贫资金的县级整合等。但是，贵州实现到2020年农村贫困人口全部脱贫仍面临较大挑战。贵州情况的启示是，应及时总结并合理推广各地扶贫开发经验，加强脱贫攻坚政策落实，完善扶贫责任机制，着力补好贫困地区基础设施和公共服务短板。

2016年12月初，本课题组前往贵州省就精准扶贫与脱贫攻坚问题进行了实地调研。课题组与贵州省发改委、民政厅、交通厅、水利厅、卫计委、财政厅等省直相关部门进行座谈，深入黔东南州施秉县和遵义市余庆县走访贫困乡镇、贫困村和贫困户，了解贵州省脱贫攻坚工作进展和精准扶贫措施、经验、问题等。本文将报告此次调研掌握的基本情况及相关思考。

---

[*] 执笔人：胡杰成。

一、贵州脱贫攻坚工作总体情况

长期以来,贵州一直是我国贫困人口最多、贫困面最大、贫困程度最深的欠发达省份之一,资源条件差、发展底子薄、经济实力弱、人均收入低。在2012年6月国务院扶贫办公布的全国连片特困地区分县名单中,贵州共有66个县分布在乌蒙山区、武陵山区和滇桂黔石漠化区三个集中连片特困地区。近年来,为确保与全国同步全面建成小康社会,贵州省在党中央、国务院的坚强领导及各方的大力支持下向贫困发起总攻,扶贫开发取得显著成效。2012~2016年,贵州农村贫困人口从1 089万人减少到372.2万人,减贫716.8万人,贫困发生率降至10.6%。

党中央、国务院高度重视贵州经济社会发展,及其作为全国扶贫攻坚主战场和决战区的特殊地位。2015年6月18日,习近平总书记在贵州主持召开部分省区市党委主要负责同志座谈会,就做好扶贫开发工作发表重要讲话,强调我国扶贫开发工作已进入啃硬骨头、攻坚拔寨的冲刺期,特别要在精准扶贫、精准脱贫上下功夫。按照中央扶贫开发工作部署,结合本省实际,贵州省"十三五"规划明确提出"实施大扶贫战略行动"。所谓大扶贫,是指把脱贫攻坚作为头等大事和第一民生工程,统揽经济社会发展全局,构建政府、社会、市场协同推进和专项扶贫、行业扶贫、社会扶贫等多方力量、多种举措有机结合的大扶贫格局,争取国家和其他省(区、市)支持,动员和凝聚全社会力量广泛参与,通过政策、资金、人才、技术等资源,全力、全面帮助本省贫困地区和贫困人口增强发展能力,实现脱贫致富。2016年11月1日,《贵州省大扶贫条例》正式实施,对扶贫重大问题从法律上予以规范,成为用法治方式推进扶贫工作的典范。

具体来看,贵州省出台了"1+10"精准扶贫配套文件,扎实推进"33668"扶贫攻坚行动计划,坚决打好"六大脱贫攻坚战"(易地扶贫搬迁攻坚战、产业脱贫攻坚战、绿色贵州建设脱贫攻坚战、基础设施建设攻坚战、教育医疗脱贫攻坚战、社会保障兜底攻坚战)。总体而言,近年来贵州在精准扶贫工作机制、扶贫开发方式、脱贫攻坚支撑体系等方面探索和积累了一系列可复制、可推广的创新经验。

二、健全精准扶贫工作机制

全面做好贫困人口和贫困区域精准识别、精准扶持和有进有出动态管理等工作，是有效推进精准扶贫、精准脱贫的基本前提。贵州省在扶贫开发实践中不断创新精准扶贫工作机制，并充分利用"互联网+"等新型技术手段，打造全省扶贫资源共享平台，推动实现了贫困人口管理和扶贫资源配置的精细化，以及贫困区域的有序退出。

（一）"四看法"精准识别经验

贵州威宁彝族回族苗族自治县迤那镇扶贫部门创新形成了"四看法"贫困对象识别方式，即"一看房、二看粮、三看劳动力强不强、四看家中有没有读书郎"。扶贫工作人员进村后，从房屋、粮食、劳动力、教育四个维度并运用相应指标，对农户贫困状况进行测量和评价。精准识别出扶贫对象后，再根据贫困特征和发展需求进行分类精准帮扶。"四看法"直观、易操作，较好克服了农户收入测算难等问题，贵州将其推广全省。

（二）"六个到村到户"精准扶持措施

为避免以往扶贫"撒胡椒面""大水漫灌"，扶贫资金使用效率低下的问题，贵州大力实施精准扶贫"六个到村到户"，即结对帮扶到村到户、产业扶持到村到户、教育培训到村到户、农村危房改造到村到户、生态移民到村到户、基础设施到村到户。在此基础上，贵州对贫困人口实行分类帮扶，对于丧失劳动能力的人，通过低保和社会救助保障其基本生活；可以实行产业扶贫的地方，逐村逐户制定帮扶措施；对于生活在深山区、石山区和高寒区的群众，通过扶贫生态移民实现异地脱贫。实践证明，"六个到村到户"有效促进了扶贫资源配置的精准化。

(三) 贫困退出及激励机制

贵州在全国率先探索了贫困退出机制，分别制定了贫困户、贫困村、贫困县和贫困乡镇的脱贫标准和程序。如对于贫困户脱贫，执行国家农村扶贫标准2 300元（2010年不变价），按照年度农村居民人均可支配收入现价作为减少贫困人口的指标依据；按照确定脱贫名单——村民代表大会评议——乡镇政府审核——县扶贫办批复的"两公示一公告"制度认定贫困人口退出。同时，建立贫困退出的激励机制，如对贫困县、贫困乡镇加快脱贫攻坚步伐进行奖励，并且"减贫摘帽"后，在规定期限内支持政策不变、扶持力度不减。

(四) "贵州·扶贫云"信息平台

大扶贫、大数据是贵州"十三五"时期两大战略行动。贵州充分发挥大数据产业和技术发展优势，建立"贵州·扶贫云"信息平台，为精准扶贫、精准脱贫提供坚实的信息基础。2015年12月，"扶贫云"上线运行。"扶贫云"以GIS（地理信息系统）作为主要展示手段，利用大数据和云计算技术，依据贫困发生率和"四看法"衡量指标，直观反映贫困人口的分布情况、致贫原因、帮扶情况、脱贫路径以及脱贫情况。通过"扶贫云"，还可以对扶贫责任链、任务链、项目资金链进行实时监督，以便抓好每一个环节的落实。

三、创新扶贫开发方式

打赢脱贫攻坚战要求坚持精准扶贫、精准脱贫基本方略，突出问题导向，完善体制机制，创新扶贫开发方式、路径等，提高脱贫攻坚实效。贵州在易地搬迁扶贫、产业扶贫等方面都进行了一些创新性探索，积累了宝贵经验。

（一）易地搬迁扶贫的"五个三"经验

易地扶贫搬迁是贵州精准扶贫"五个一批"中任务最重、难度最大的头号工程。根据《贵州省人民政府关于深入推进新时期易地扶贫搬迁工作的意见》，"十三五"时期，对贵州全省"一方水土养不起一方人"地方的130万建档立卡贫困人口实施易地扶贫搬迁。对少数贫困发生率高，自然生产生活特别困难的自然村寨中的非建档立卡贫困人口，可以实施整村整寨同步搬迁。

贵州紧紧围绕解决好"怎么搬"和"搬出来以后怎么办"两个问题，坚持以产定搬、以岗定搬，坚持城镇化集中安置，坚持以县为单位统一建设，严控建设成本和住房标准，并在全省大力推广"五个三"经验。"五个三"经验源于贵州省黔南州惠水县，当地为解决好易地扶贫搬迁群众的后续发展问题，尝试盘活三地（承包地、山林地和宅基地）、衔接三保（低保、医保、养老保）、统筹三就（就学、就业和就医）、建好三所（经营性场所、农耕场所、公共服务场所）、用活三制（集体经营机制、社区管理机制、民众动员机制），取得良好成效。

（二）产业扶贫的"三变"模式

贵州将产业扶贫作为脱贫攻坚的关键硬战之一，把工作和资源向产业扶贫聚焦，坚持强龙头、创品牌、带农户，深入推进"三变"改革，大力推广"龙头企业+合作社+农户"扶贫方式，明确贫困户在产业链、利益链中的环节和份额，努力做到户户有增收项目、人人有脱贫门路。2016年全省实施产业扶贫项目约2万个，打造乡村旅游景点231个，在1 300个贫困村设立电商网点，74.2万贫困人口从中受益成功脱贫。

"三变"模式是贵州农村产业扶贫中的亮点。2014年，六盘水市率先开始探索"资源变资产、资金变股金、农民变股东"的"三变"改革，激活农村自然资源、存量资产、人力资本，让村集体、农民、经营主体"三位一体""联产联业""联股联心"，促进农民增收脱贫。

例如，余庆县关兴镇狮山村制定了《狮山村级集体经济管理和运行办法（试行）》，统筹村里已有的350亩茶园、5 000亩集体林、50亩集体土地，以及茶青交易市场等已有资源和闲置资产，开展生猪养殖、停车场、土特产品电商、乡村旅游等集体经济项目，不仅直接带动了当地贫困农户就业和增收，而且每年可增加村级集体经济收入35万元，有利于改善村级公共服务和设施。

又如，施秉县马号镇江元哨村平均海拔720米，属亚热带湿润季风气候，该村通过坡改梯方式对土地进行整治，引导农户发展烤烟种植，2016年全村烤烟种植户200余户，种植烤烟4 400亩，户均收入9万元以上。同时，政府投入扶贫资金120万元，在当地建成全县鸡业良种培育中心和2万羽的林下生态鸡养殖场，鼓励农户将扶贫资金和养殖技术带到合作社，推动农户共同致富。

（三）扶贫主导的基础设施建设

很长时期内，交通、水利等基础设施落后都极大制约着贵州经济社会发展。近年来，贵州将基础设施建设攻坚战作为"六大脱贫攻坚战"之一，以扶贫为主导推进基础设施建设，使得基础设施面貌焕然一新，为贵州实现跨越式发展、打赢脱贫攻坚战奠定了坚实基础。

在交通方面，贵州坚持以扶贫为主导谋划交通项目，以助推产业发展为导向抓牢交通建设，以易地扶贫搬迁为重点完善交通路网。"十二五"全省建成高速公路3 621公里，建成高速公路里程全国第一，高速公路通车总里程达到5 128公里，提前3年实现了县县通高速公路目标。其中集中连片特困地区高速公路里程达到3 726公里，约占全省的72%。武陵山片区内高速公路更是从无到有，总里程达到887公里，占"十二五"新增高速公路总里程的1/4。

水利方面，贵州坚持将水利建设资金、政策、项目向贫困地区倾斜，贫困地区水利基础设施不断改善。"十二五"时期，在滇桂黔、武陵山、乌蒙山三大集中连片特困地区新开工建设了126座骨干水源工程，占开工总数的81%，建成后可解决贫困地区207.49万农村人口和315.06万亩耕地灌溉用水问题。

(四) 健康扶贫的"三重医疗保障"体系

为解决广大群众"因病致贫、因病返贫"的问题,贵州在全国率先建立完善了基本医疗保险、大病保险、医疗救助"三重医疗保障"体系。第一重,即统一实行"门诊统筹补偿+住院补偿+重大疾病补偿"模式,11类人群①门诊和住院政策范围内费用提高不低于5个百分点的报销比例,同时经转诊在省级定点医疗机构住院不再设置起付线。第二重,即实施年度累加和分档赔付,降低大病保险报销起付线,有效减少贫困人口大病费用个人实际支出,使大病保险保障度在基本医疗保险基础上再提高10个百分点以上的报销比例。第三重,即在落实前两种报销政策后,仍无力支付剩余医疗费用的,实行民政医疗救助、计生医疗救助、扶贫专项救助、慈善救助等政策。

通过"三重医疗保障",确保全省11类人群政策范围内医疗费用实际补偿比达到90%以上,其中的重大疾病患者、特困供养人员、最低生活保障对象中的长期保障户、80岁以上老人等重点人群的报销比例达到100%。2015年6月至2016年10月,全省通过"三重医疗保障"累计惠及126.17万人次,补偿费用16.8亿元,为贫困群众多报销医疗费用约2.7亿元。

(五) 农村低保标准与扶贫标准"两线合一"

农村低保制度与扶贫开发政策在目标上高度契合,加强两者的制度衔接,有利于形成制度合力,充分发挥农村低保制度在打赢脱贫攻坚战中的兜底保障作用。2015年以来,贵州率先开始探索农村低保标准与扶贫标准"两线合一"。

首先是创建分区域划档调整农村低保标准机制。针对扶贫标准为全省

---

① 包括精准扶贫建档立卡贫困人口中的大病患者,特困供养人员,最低生活保障家庭成员,享受抚恤补助的优抚对象,计生"两户"家庭成员,20世纪60年代初精减退职老职工,艾滋病人和艾滋病机会性感染者,家庭经济困难的精神障碍患者、肇事肇祸精神障碍患者,低收入家庭中的重病患者、重度残疾人以及老年人,因医疗自付费用过高导致家庭无力承担的患者,县级以上人民政府规定的其他特殊困难人群共11类人员。

统一，而农村低保标准过去由市或县制定，且区域不平衡较为突出的实际，从2015年起，由省级统筹制定各地农村低保标准，根据各地经济社会发展水平和所在区位，将全省农村低保标准划为四个档次，为2020年全省形成统一的农村低保标准，与扶贫标准"两线合一"奠定基础。

其次是大幅提高农村低保标准。针对2014年全省农村低保标准较低，与扶贫标准和全国农村低保平均标准均有较大差距的实际，统筹考虑2020年全面小康基本生活水平等因素，超常规大幅提高农村低保标准。全省2015年、2016年、2017年分别平均按26.8%、18.2%、15%的增幅提高农村低保标准，2018~2020年继续稳步提高，确保到2020年实现农村低保标准与扶贫标准"两线合一"。

第三是切实加强农村低保与扶贫开发的制度衔接。按照"共同核查、分别认定、分类施策、信息共享、强化衔接"的工作思路，对两者实行共同开展入户核查，共同开展民主评议和张榜公示，共同开展乡镇审核。

四、完善脱贫攻坚支撑体系

健全脱贫攻坚组织领导机制，落实脱贫工作责任制，强化财政、金融、人才等方面政策保障，完善广泛的扶贫参与机制，是打赢脱贫攻坚战的重要保证和支撑。贵州在这些方面改革创新，形成了一些好经验好做法。

(一) 以脱贫实效为中心的考核机制

贵州从省到县成立由党政主要领导为双组长的扶贫开发工作领导小组。建立省负总责、市县抓落实、重在乡村的责任分工机制，层层签订责任书、立下军令状。推行省领导包县、市领导包乡、县领导包村、乡领导包户、党员干部包人的"五包"工作责任制，强化各级干部与贫困人口的定点挂钩、结对帮扶机制，实行不脱贫不脱钩。2016年，全省抽调4.3万名干部组建8 519个驻村工作组，覆盖全省全部贫困村、贫困户。严格考核各级党委、政府和部门脱贫工作实绩，推行主要负责人年度脱贫攻坚述职报告制度。以脱贫实效作为考核贫困县一切工作的指挥棒，将扶贫工作成效与干部选拔任用、年度考核及奖惩"精准挂钩"，引导贫困县党政领导干部将主要精力转向扶贫工作。

（二）扶贫资金的县级整合

为完善扶贫资金分配机制，贵州实行扶贫资金的县级整合。除中央和省有特定用途的重大扶贫专项和以奖代补资金外，中央补助和省级安排的财政专项扶贫资金，原则上按"贫困县、贫困村、贫困人口、绩效评估"2∶2∶5∶1比例切块分配到县，项目审批权同时下放到县，建立健全目标、任务、资金和权责"四到县"制度，增强县级因地制宜统筹安排资金的能力。改革财政专项扶贫资金报账管理机制，在50个扶贫开发工作重点县选择条件具备的乡镇开展试点，通过乡镇财政报账，发挥乡镇财政机构贴近基层、就近监管的优势，解决以往乡镇"看得见、管不着"与县级报账"管得着、看不见"的问题。

牢固树立综合扶贫理念，统筹整合相关涉农资金。除财政专项扶贫资金外，各级农、林、水以及文、体、环、卫、教育、交通等方面的专项资金也重点向贫困地区倾斜。例如，根据《贵州省茶产业提升三年行动计划》，通过竞争立项，以中央资金为引导，整合资金重点支持18个茶产业县，实施面积27万亩，截至2015年底全省茶叶面积约700万亩，位列全国第一。"十二五"时期，全省综合扶贫的财政资金累计达2 476.78亿元，占同期一般公共预算支出的15.9%。

（三）民营企业对口帮扶整县脱贫

贵州着力打造专项扶贫、行业扶贫、社会扶贫有机结合、互为支撑的大扶贫格局，大力引导社会力量扶贫，其中包括与万达、恒大等知名企业合作探索具有示范效应的"民营企业对口帮扶整县脱贫"模式。

2015年3月，经国务院扶贫办促成，贵州省人民政府和万达集团签署战略合作框架协议，万达集团将贵州省丹寨县作为定点帮扶县，从产业扶贫、就业扶贫和教育扶贫等方面帮扶丹寨整县脱贫。2015年12月,由全国政协牵线搭桥,贵州省人民政府与恒大集团签署恒大集团结对帮扶大方县精准脱贫协议,恒大集团承诺未来3年通过产业扶贫、易地搬迁扶贫、就业扶贫、教育扶贫和特殊困难群体生活保障等一揽子综合措施,实现全县18万贫困人口全部稳定脱贫。

贵州探索的"民营企业对口帮扶整县脱贫"模式改变了以往社会力量点式帮扶、单一捐资、大水漫灌的做法,体现出整县推进、立体帮扶、精准滴灌的特征,为社会力量参与精准扶贫提供了新思路。

五、贵州脱贫攻坚面临的问题及建议

虽然贵州脱贫攻坚成效显著,但实现到2020年全省农村贫困人口全部脱贫仍面临较大挑战。一是现存的贫困地区和人口都是最难啃的"硬骨头"。目前贵州90%以上的贫困人口、贫困乡镇和贫困村处于集中连片地区,乌蒙山区、武陵山区、滇桂黔石漠化区三大片区的区域性整体贫困突出。全省贫困县平均贫困发生率为16%,最高达28%。还有很多极贫乡镇。而且贫困问题与发展问题、生态问题、社会保障问题相互交织。脱贫攻坚任务仍然十分艰巨。二是贫困人口精准识别机制不尽完善。各地贫困人口规模确定是由省里层层往下分配指标,如余庆县被分配了2.7万人的贫困人口指标,这导致一些因灾、因病、因学新致贫的群众不能及时纳入建档立卡管理。三是贫困识别具体标准反复变化,给基层工作带来难度。据基层反映,贫困人口采集数据、建档立卡这项工作已经干了四次,反复"回头看",每次标准、要求都不一样,不仅基层干部受苦受累,而且导致群众很不理解,抵触情绪大。四是贫困地区产业发展难。产业扶贫深受群众欢迎,也是"造血式"扶贫的重要途径。但调研发现贫困地区产业发展许多都是小打小闹,一些特色产业项目无有实力的大企业来经营,很难成规模,带动不了更多的人脱贫致富。五是贫困地区基础设施和公共服务依然明显落后。贵州虽然已经实现县县通高速公路,但通村路、连户路等"毛细血管"仍然不畅,贫困乡镇尤为突出。教育、医疗、文化等基本公共服务欠账大，还远不能满足群众需要。六是部分贫困群众脱贫的主动性不够。据基层干部反映，部分贫困群众属于"扶不上墙的"类型，脱贫意识和能动性发挥较差、越帮越懒，出现扶贫干部急、贫困户不急的现象。

基于对贵州的调研，我们认为，为确保打赢脱贫攻坚战，应特别注意做好以下工作：第一，及时总结各地扶贫开发工作经验，并合理推广。精准扶贫、精准脱贫要求各地从实际出发，大胆探索、积极创新，不断完善精准扶贫工作机制、扶贫开发方式、脱贫攻坚支撑体系等。例如，贵州就这些方面取得了一系列可复制、可推广的经验。应将各地取得的可信可行的经验及时总结、合理推广，提高全国脱贫攻坚行动的整体效率。

第二，强化脱贫攻坚政策落实，完善扶贫责任机制。目前国家扶贫开发力度空前、政策较为完备，应切实做好贫困人口和地区精准识别、动态管理工作，并将扶贫项目、资金、措施、人员等精准配置到位，提高扶贫实效。应创新干部考核评价机制，将脱贫攻坚实绩作为选拔任用干部的重要依据。建立和完善脱贫攻坚督查制度和问责办法，强化责任追究。

第三，进一步完善精准识贫和动态管理机制。改变目前从上到下层层下达贫困指标的做法，在确定贫困标准的基础上，对贫困人口进行精准识别，对贫困人口规模进行如实确定，防止一些新陷入贫困的群众不能及时纳入建档立卡管理，也防止地方为了填满贫困人口指标而将一些非贫困人口纳入。加强脱贫攻坚信息平台建设和利用，避免反复入户采纳数据增加工作成本。

第四，加强对深度贫困地区、极贫乡镇的重点攻坚。一些深度贫困地区、极贫乡镇是脱贫攻坚的"最后决战区"，应充分发挥我国制度优势，进一步加强组织领导、整合各方力量、聚合各类资源、加大资金投入，改进方法、集中攻坚、各个突破，以超常规的力度和措施，确保这些地区在既定时间节点完成脱贫攻坚任务。

第五，着力补好贫困地区基础设施和公共服务短板。加大力度解决好贫困地区通路、通水、通电、通网络等问题，疏通基础设施通村、连户的"毛细血管"。加强贫困地区水利建设，解决好贫困人口饮水安全问题。落实好农村危房改造工程。进一步提升贫困地区教育、医疗、文化等基本公共服务水平。重点突破一些极贫乡镇、偏远村庄的基础设施和公共服务瓶颈。

第六，进一步健全广泛的扶贫参与机制。鼓励和引导民营企业、社会组织、个人参与扶贫开发，创新社会扶贫参与方式，坚持重心下移、资源整合，实现社会帮扶资源和精准扶贫需求有效对接。注重扶贫同扶志、扶智相结合，健全激发贫困群众内生动力的体制机制，提升贫困群众的自我发展能力。

参考文献

1. 贵州省民政厅：《全面开展社会保障兜底扶贫行动 有效促进精准扶贫精准脱贫》，2016年12月。
2. 贵州省卫生和计划生育委员会：《构筑"三重医疗保障网"精准推进健康扶贫》，2016年12月。
3. 贵州省财政厅：《贵州省财政扶贫工作情况》，2016年12月。
4. 贵州省水利厅：《贵州省"十二五"水利扶贫工作情况及"十三五"水利扶贫工作打算》，2016年12月。
5. 余庆县人民政府：《余庆县精准扶贫工作情况》，2016年12月。

第十篇
我国城镇社区养老服务情况调查研究*

——以全国 32 个城市 264 份社区问卷为基础

内容摘要：对全国 264 个城镇社区的问卷调查发现，从需求看，社区老年人最需要的养老服务是医疗保健服务，最需要的上门服务是上门巡诊和家政服务，最需要的医疗服务是健康咨询、慢性病诊疗和家庭医生；从供给看，目前大部分社区能为老年人提供休闲娱乐、医疗保健等养老服务。居委会认为，社区养老服务存在最大的不足是缺乏养老服务机构。应加大力度完善社区居家养老服务体系，增强其养老依托功能。

在我国老龄化加速发展的进程中，城镇老年人养老服务需求不断上升，对基层社区养老服务提出了新的要求。虽然近年来社区养老服务发展较快，但仍然存在养老服务机构和专业人员缺乏、服务质量不高等问题。本报告以来自全国 264 个城镇社区的问卷调查数据为基础，描述城镇社区养老服务开展情况，分析其中面临的问题，并提出相关建议。

---

* 执笔人：赵春飞。

一、调查基本情况

2016 年 7~8 月,本课题组开展了全国城镇社区问卷调查,与城镇居民问卷调查随同进行。在经过科学的四级抽样选择的、分布在全国 32 个城市①的 264 个社区中,每个社区调查完成 1 份社区问卷,最终完成 264 份有效社区问卷。问卷主要了解各个社区开展养老服务的情况,由社区居委会的书记或主任(含副职)填答。在本报告的分析中,数据用 SPSS19.0 软件进行统计分析。

数据显示,社区问卷的填答人中 42.8% 的人是居委会书记兼主任,13.3% 的人是书记,21.6% 的人是主任,其余 22.3% 的人是副书记或副主任(见图 10-1)。

在社区位置分布上,264 个有效样本中,有 72.3% 的社区位于主城区,18.9% 的社区在城乡结合部,还有少量社区在郊区或城中村,比例分别为 4.9%、3.0%(见图 10-2)。在主要构成上,53.5% 的社区是老旧小区,20.2% 是商品房小区,还有 22.9% 的社区是混合社区;主要由保障房小区、驻区政府机关事业单位或驻区企业工厂构成的社区比例都很小,均不足 2%。

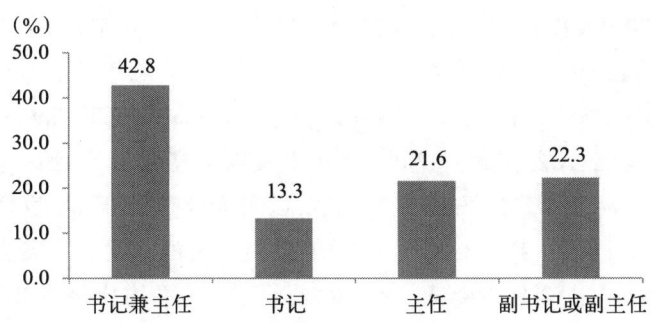

图 10-1 社区问卷填答人的身份

---

① 城市分布情况参见本书首篇报告。

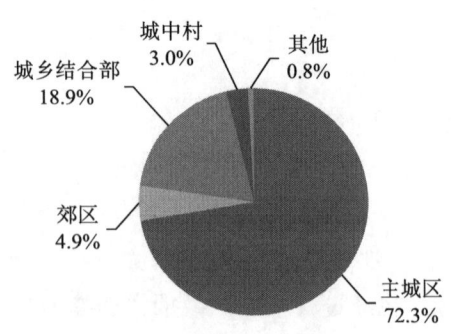

图10-2 被访社区的位置分布

二、调查发现

（一）被访社区辖区常住居民平均为9 016人；60岁及以上老年人占社区总人口的平均比例为15.3%；特殊困难老年人占全部老年人的平均比例为8.9%

在辖区居民数量上，本次调查的社区辖区常住居民平均为9 016人，辖区内常住居民人数最多的社区有50 000人，最少社区的仅有580人。超过万人的社区占全部调查社区的34.2%，5 000~10 000人的社区占41.1%；1 000人以下的社区非常少，仅有2个社区常住居民人数不足1 000人（见表10-1）。被调查社区中60岁及以上老年人占社区总人口的平均比例为15.3%，比例最高的社区高达56.5%；有30.7%的被访社区60岁及以上老年人占比超过20%。80岁及以上老年人占社区总人口的平均比例为2.9%，少数社区没有80岁及以上老年人，但80岁及以上老年人占比最多的社区达到21.1%。社区中失能半失能、失独、贫困、空巢等特殊困难老年人占全部老年人（60岁及以上）的平均比例为8.9%，比例最高的社区为85.0%，超过一半的社区此比例均低于10.0%。

表 10 – 1　　　　　　　　调查社区人口数量情况

	极小值	极大值	均值
社区常住居民（人）	580	50 000	9 016.4
其中本市城镇户籍人口（人）	300	42 000	6 529.5
外地户籍人口（人）	0	20 000	2 319.8
60 岁及以上老年人占总人口的比例（%）	0	56.5	15.3
80 岁及以上老年人占总人口的比例（%）	0	21.1	2.9
失能半失能、失独、贫困、空巢等特殊困难老年人占全部老年人的比例（%）	0	85.0	8.9

（二）目前老年人以家庭自我照顾养老为主，生活来源主要是养老金、儿女供养和以往积蓄；"啃老"现象在一定程度上存在

调查显示，在养老方式上，被访社区其老年人处于家庭自我照顾状态的比例平均为 88.8%，家庭自我照顾所占比例最低的社区仅为 20%。在绝大多数社区，社区居家养老和机构养老都不是社区老年人的主要养老方式，社区居家养老的比例平均为 6.3%，机构养老的比例平均为 5.3%（见表 10 – 2）。

对于"您社区老年人最主要的生活来源是（限选三项，并按重要程度从高到低排序）"，回答情况如表 10 – 3 所示。将最重要赋值为 5 分，次重要赋值为 3 分，重要赋值为 1 分。统计显示，养老金总得分为 1 135 分，排在第一位；其次是子女供养，得分为 565 分；排在第三位的是以往积蓄，得分为 373 分。这说明，目前社区老年人最主要的生活来源是养老金，还包括子女供养、以往积蓄等（见表 10 – 3）。

表 10 – 2　　　　被访社区的老年人采取各种养老方式的人数比例

	N	极小值（%）	极大值（%）	均值（%）
家庭自我照顾	263	20	100	88.8
社区居家养老	255	0	70	6.3
机构养老	258	0	50	5.3

表 10-3　　　　　　　　社区老年人的主要生活来源

	最重要（频次）	次重要（频次）	重要（频次）	合计得分（分）
养老金	211	21	17	1 135
以往积蓄	11	88	54	373
子女供养	28	112	89	565
退休后继续工作的收入	4	20	20	100
最低生活保障	3	11	52	100
房租等财产性收入	6	10	27	87
其他	1	2	2	13

在被访社区中，较少存在"啃老"现象（即成年子女依靠家里老人维持生活）的社区占53.0%，部分存在的占30.3%，普遍存在的占7.6%，合计有37.9%的被访社区部分或普遍存在"啃老"现象（见图10-3）。"啃老"现象意味着本应是家庭经济支柱的中青年人，仍靠父母接济，成为父母的负担。这不仅影响老年人晚年物质生活质量，而且对老年人晚年精神生活也有较大的危害。

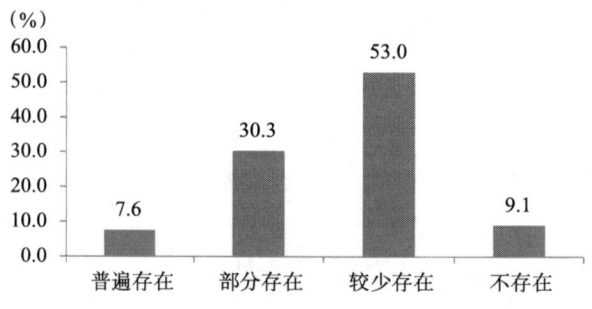

图 10-3　被访社区"啃老"现象状况

（三）被访社区居委会反映，老年人最需要的养老服务是医疗保健、文化娱乐服务等，最需要的上门服务是上门巡诊、家政服务等，最需要的医疗服务是健康咨询、慢性病诊疗、家庭医生等

老年人目前最需要的养老服务是医疗保健服务，65%的被访居委会选择此项（见图10-4）。社区居委会认为老年人还需要文化娱乐服务、基本

生活照料、康复护理、精神慰藉等服务，选择比例均有超过30%。选择老年人食堂和紧急救援的被访居委会比例分别为21.3%、18.3%。

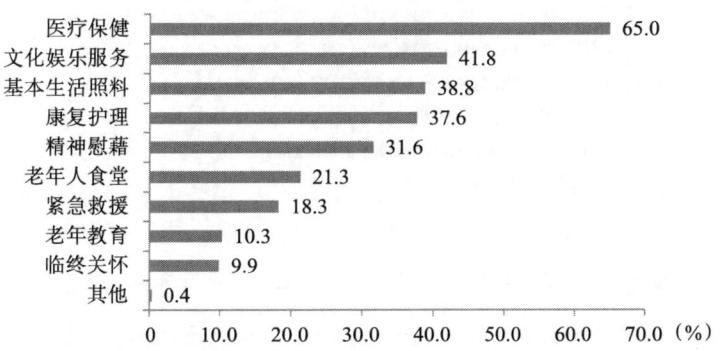

图10-4　被访社区其老年人目前最需要的养老服务（多选）

被访居委会认为，社区老年人最需要的上门服务是上门巡诊和家政服务，选择比例分别为60.9%和56.7%；紧随其后的是康复护理，选择比例为47.1%；认为社区老人最需要的上门服务是精神慰藉、日间照料的被访居委会占比均超过30%（见图10-5）。

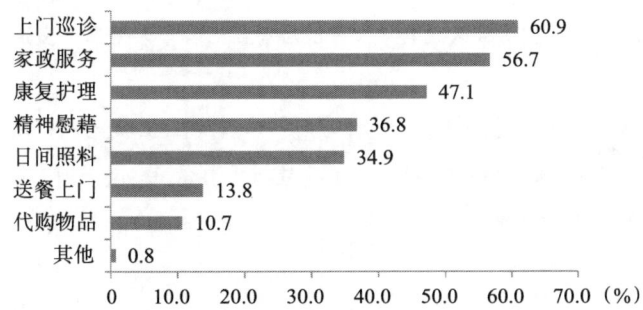

图10-5　被访社区其老年人目前最需要的上门服务（多选）

对于社区老年人目前最需要的医疗服务，选择健康咨询、慢性病诊疗或家庭医生的被访社区分别占53.3%、51.7%、50.2%。同时，44.8%的社区其老年人最需要专业康复护理，还有部分社区其老年人最需要安装紧急呼叫器或陪同看病（见图10-6）。

对于老年人用品，目前最需要的是视听辅助用品的被访社区占52.7%，最需要的是医疗康复护理器械、用品的被访社区占29.0%；最需要药品保健品、助行设备、智能电子设备、老年人服装或老年人家居用品的被访社区占比都较小（见图10-7）。

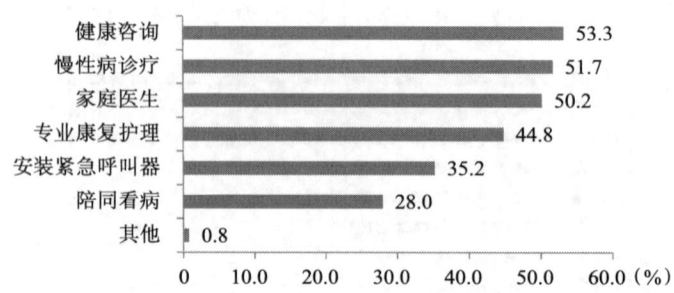

图10-6 被访社区其老年人目前最需要的医疗服务（多选）

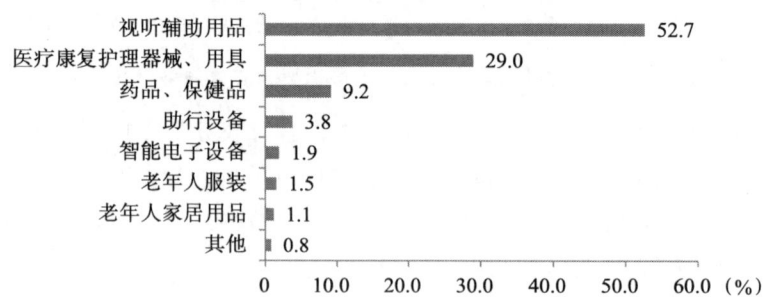

图10-7 被访社区其老年人目前最需要的老年人用品（多选）

（四）大多数社区的服务机构能为老年人提供休闲娱乐、医疗保健等服务；超过一半社区的服务机构能提供上门家政服务和精神慰藉服务；能满足老年人一半以上养老服务需求的社区不到50%

调查显示，社区内的各类服务机构能为老年人提供的服务情况如图10-8所示：79.9%的社区能够提供休闲娱乐服务，63.6%的社区能提供医疗保健服务，超过50%的社区能提供老年教育和精神慰藉服务，40.9%的社区能提供日间照料服务，超过30%的社区能提供基本生活照料和康复护理，能够提供紧急救援和老年人食堂的社区相对较少。老年人食堂其实是老年人日常生活中比较需要的一项服务，但是目前能提供此项服务的社区较少，其中原因在于社区条件限制、社会力量参与积极性不足、社区对食品安全有所顾虑等。

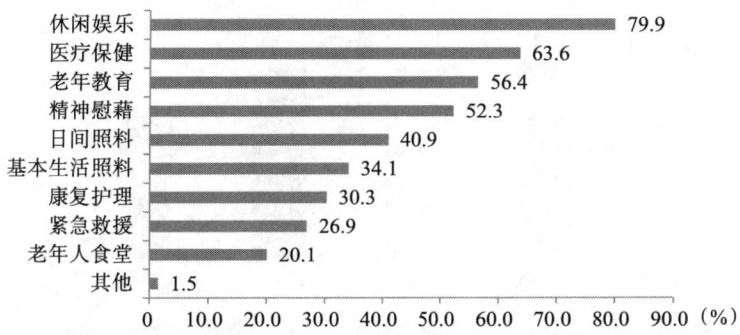

图 10-8　能为老年人提供各类服务的被访社区比例（多选）

在上门服务方面，55.3%的被访社区其社区机构能为老年人提供上门家政服务，50.8%的被访社区其社区机构能为老年人提供上门精神慰藉，这两项占比较高；然后是上门巡诊，占比为 46.6%；再次是日间照料服务，占比为 37.5%；还有部分社区其机构能够提供送餐、代购物品和上门护理等服务（见图 10-9）。

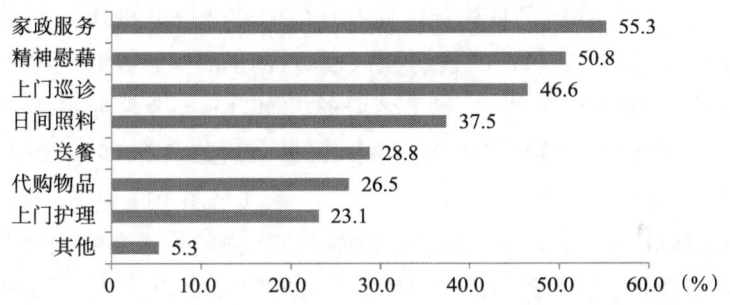

图 10-9　能为老年人提供各种上门服务的被访社区比例（多选）

社区老年人的养老服务需求大部分能在社区之内得到满足的被访社区占 32.2%，大约一半能在社区之内得到满足的被访社区占 13.6%，少部分能满足的占 31.1%，只有极少部分需求能得到满足的占 23.1%（见图 10-10）。能满足老年人一半及以上养老服务需求的社区合计占 45.8%。可见，与社区老年人养老服务需求相比，社区居家养老服务还有较大提升空间。

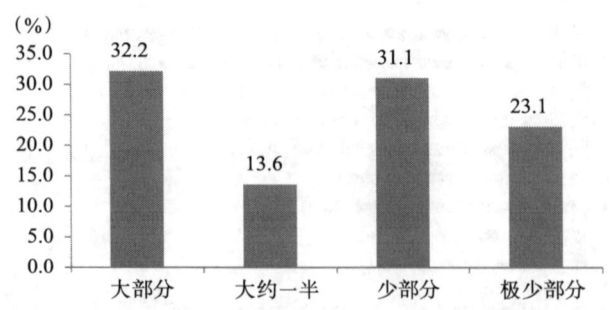

图 10 - 10　被访社区能满足辖区老年人养老服务需求的比例情况

（五）接近一半的社区拥有专门的养老服务机构，其中大部分是公办公营或公办民营；超过半数的社区能经常为外来老年人提供养老服务；大多数社区拥有专门的老年活动中心，但1/3的老年活动中心利用率较低

调查显示，46.6%的被访社区拥有专门的养老服务机构（如日间照料中心、托老所等），53.4%的被访社区没有专门的养老服务机构。拥有专门养老服务机构的被访社区，其养老服务机构为公办公营的占49.6%，其养老服务机构为公办民营的占22.3%，民办公助的占9.1%，民办民营的占13.2%，多种类型都有的被访社区占5.8%（见图10-11）。拥有养老服务机构的被访社区，社区养老服务机构能为辖区内的外来老年人（非本市户籍老年人）经常提供服务的占56.1%，有时提供的占20.5%，很少提供的占6.8%，不能为辖区内的外来老年人提供服务的占16.7%（见图10-12）。

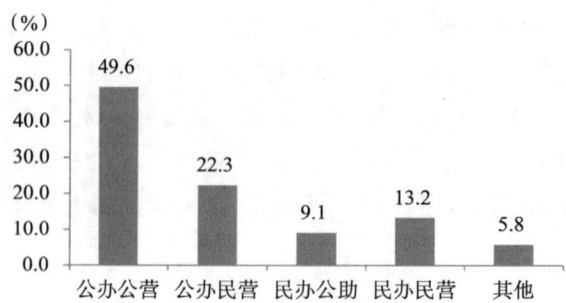

图 10 - 11　被访社区的养老服务机构的类型

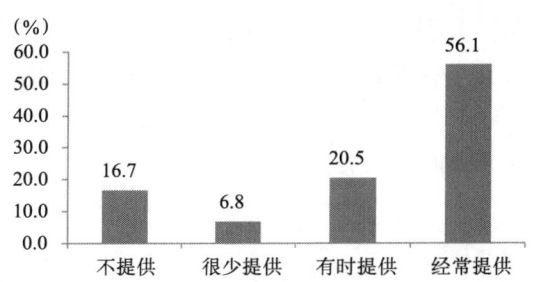

图 10-12　被访社区的养老服务机构为外来老年人提供服务的情况

80.4%的被访社区拥有专门的老年活动中心（室、站），19.6%的被访社区没有专门的老年活动中心。在拥有老年活动中心的被访社区中，社区老年人大部分会到老年活动中心参加活动的社区占 28.0%，大约一半老年人会参加的占 28.5%，少部分老年人会参加的占 39.3%，极少数老年人会参与的占 4.2%。这表明，部分老年活动中心的利用率较高，老年人参与活动的积极性较高，但也有部分社区其老年人较少在老年活动中心活动（见图 10-13）。

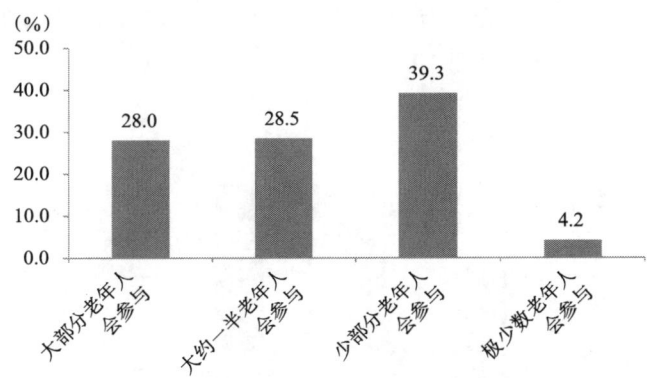

图 10-13　被访社区其老年人到老年活动中心参与活动的情况

（六）部分社区有社会性服务机构、社会团体等为老年人提供养老服务；接近一半的社区其驻区单位、企业等能为老年人提供较多义务帮助；多数社区经常开展为老年人免费服务的志愿活动

调查显示，在被访社区中，常年有社会性服务机构、社会团体等为老

年人提供养老服务的占 24.2%，有时有的占 37.1%，很少有的占 20.1%，没有社会性服务机构、社会团体等为老年人提供服务的占 18.2%（见图 10-14）。可见，虽然很多城市已经引入社会组织承接社区养老服务，但社会组织提供社区养老服务还有待进一步推广。

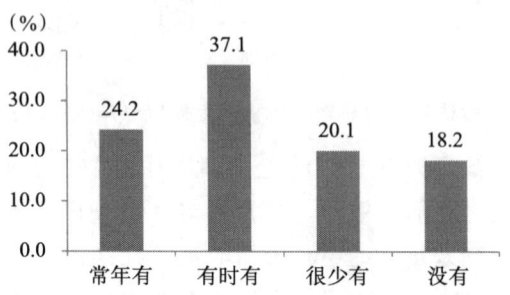

图 10-14　被访社区中社会性服务机构提供养老服务的情况

在被访社区中，其驻区单位、企业等能为老年人提供很多义务帮助的占 18.9%，提供帮助较多的占 28.0%，提供帮助较少的占 35.2%，提供帮助很少的占 17.8%。合计有 46.9% 的社区其驻区单位、企业能为老年人提供很多或较多帮助（见图 10-15）。

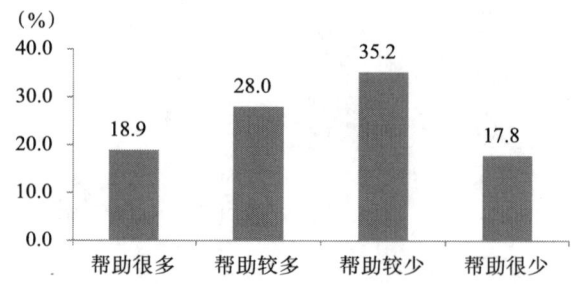

图 10-15　被访社区其驻区单位等为老年人提供义务性帮助的情况

在被访社区中，经常开展一些为老年人免费服务的社区志愿活动或义工活动的社区占 63.5%，有时开展的占 29.7%，很少开展的占 6.1%，从未开展的仅占 0.8%。这表明，大部分社区都经常开展一些为老年人免费服务的志愿活动或义工活动，基层志愿环境正逐渐形成（见图 10-16）。

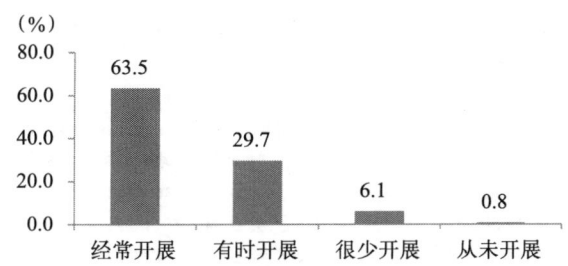

图 10-16　被访社区开展为老年人免费服务的志愿活动的情况

（七）被访社区居委会认为，社区养老服务存在的最大不足是缺乏养老服务机构；政府和社会最应为老年人做的事情是提高低养老金人群的养老金，解决失能半失能、失独等特困老人的生活和照料问题

调查显示，被访居委会认为，社区在养老服务方面存在最大的不足是"缺乏养老服务机构"，超过50%的居委会选择此项，远远超过其他选项（见图10-17）；排在第二位的是"养老服务专业性不强、水平不高"，比例为21.2%；第三位是"养老服务设施设备不健全"，比例为15.5%；另有部分居委会选择"养老服务内容有欠缺""养老服务机构交通不方便等"，比例较低。

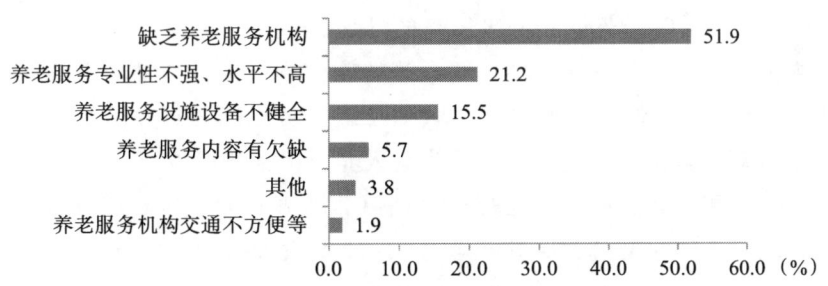

图 10-17　社区在养老服务方面存在的最大不足

对于政府和社会最应该为老年人做的事情，选择"提高低养老金人群的养老金水平""解决失能半失能、失独等特困老人的基本生活和照料问题"的被访社区居委会分别占52.3%、51.5%，比例明显较高。认为最应该"改善社区和居家养老服务条件、提高服务水平""增强尊老、爱老、

助老的社会氛围"或"加强老年人医疗保健和康复护理工作"的被访社区分别占37.8%、32.8%、30.2%（见图10-18）。

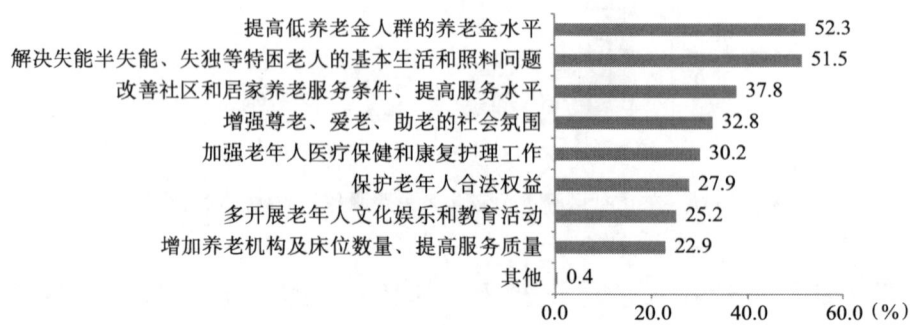

图10-18 "您认为政府和社会最应该为老年人做的事情是？"（多选）

三、结论与建议

（一）主要结论

第一，城镇社区老龄化问题凸显。调查显示，被访社区60岁及以上老年人占社区总人口的平均比例为15.3%，80岁及以上老年人的平均比例为2.9%。60岁及以上老年人占比最高的社区，超过一半的社区人口为老年人。失能半失能、失独、贫困、空巢等特殊困难老人占全部老人的平均比例为8.9%。这些数据都表明我国城镇社区老龄化问题日益凸显，需要加强科学应对，特别是要完善特殊困难老人养老服务和保障。

第二，家庭自我照顾养老是目前城镇养老方式的主流。调查显示，目前城镇老年人以家庭自我照顾养老为主，日常生活主要依靠养老金、子女供养和以往积蓄。同时，"啃老"现象在一定程度上存在，给老年人的老年生活带来经济和精神双重负担。这要求加快建立以居家为基础、社区为依托、机构为补充的多层次养老服务体系，加强老年人权益保护，弘扬敬老、养老、助老社会风尚。

第三，城镇老年人最需要的养老服务是医疗保健、文化娱乐服务等。具体来看，最需要的上门服务是上门巡诊、家政服务等，最需要的医疗服务是健康咨询、慢性病诊疗、家庭医生等。最需要的老年人用品是视听辅助用品、医疗康复护理器械、用品等。应针对老年人的养老服务和用品需求特点，深化体制机制改革，增强供给结构适应性和灵活性，满足群众不断升级和个性化的养老需求。

第四，社区养老服务能力不断增强，但仍不能有效满足日益增长的养老服务需求。调查显示，能满足老年人一半及以上养老服务需求的社区占45.8%，另有23.1%的社区只能满足老年人极少部分的养老服务需求；仍然有超过一半的社区没有专门的养老服务机构；部分社区养老服务机构不为或者很少为辖区内的外来老年人提供服务；居委会认为社区养老服务最大的不足是缺乏养老服务机构。可见，社区的养老服务供给与老年人的养老服务需求之间还存在较大的差距。另外，1/3 的老年活动中心利用率不高，这说明社区养老服务供给的针对性也有待提升。

第五，社区养老服务的志愿氛围逐步形成。在被访社区中，常年有社会性服务机构、社会团体等为老年人提供养老服务的占24.2%，没有的占18.2%；46.9%的社区其驻区单位、企业能为老年人提供很多或较多帮助；大部分社区都会开展一些为老年人免费服务的社区志愿活动或义工活动。可见，社区养老服务的志愿参与氛围正在逐步形成，这有利于形成养老服务多元参与体系，扩大养老服务有效供给。

（二）政策建议

第一，加强养老工作宣传，形成关爱老人、尊敬老人、帮助老人的社会氛围。加大宣传力度，使居民充分认识到解决养老问题的重要性与必要性，营造尊老爱老敬老的社会氛围。整合各方面社会资源，加大养老服务投入，鼓励和吸引社会组织更多参与提供养老服务。关注老年人安全，加强老年人安全防范教育。

第二，着力推进社区居家养老服务体系建设，提高服务质量。发挥社区服务中心的作用，开展多种针对老年人的服务活动。大力发展专业化的社会养老机构，引导和支持社会养老机构承接购买社区养老服务项目。全面了解老年人的实际需求，发展家政服务、康复护理、医疗保健、老年人供餐、精神慰藉、临终关怀等多种服务，既注重对老人的物质照顾，也考虑对老人的精神照顾。加强对高龄老人的日常照料服务；满足失能半失能老人康复护理与医疗上门的服务需求；加强慢性病自我调节和治疗教育。扩大社区养老服务场所，完善服务设施。

第三，完善社区居家养老服务资金投入机制。进一步加大政府投入支持社区居家养老服务体系建设的力度。发挥好政府投资引导作用，积极支持社会资本进入。鼓励社会资本和政府合作发展多层次、多样化的社区居家养老服务。切实推广政府购买社区居家养老服务，扩大购买范围。

第四，加强社区居家养老服务队伍建设，扩大养老服务志愿参与。加大社区居家养老服务人员培养投入，巩固和扩充养老服务人员队伍；加强对助老服务员的培养，逐步推行持证上岗制度；增加养老护理人员的薪酬待遇。吸纳社工专业人才参与社区养老服务，提高服务质量。引导驻区企事业单位、社会组织、社区居民等参与助老志愿活动；建立社区志愿服务团队，完善志愿者参与养老服务的管理激励机制。

第十一篇
以改革创新应对人口老龄化挑战*

——青岛市养老服务发展状况调研报告

内容摘要：面对人口老龄化严峻挑战，青岛市积极应对、抓紧行动，大胆推动制度创新、模式创新，在全国率先建立起长期医疗护理保险制度，对医养结合服务模式进行了较为深入的探索，夯实了养老服务发展的体制机制基础，提高了养老服务发展水平，并为全国范围内的相关改革和发展提供了重要经验启示。

妥善解决人口老龄化带来的经济社会问题，是我国发展面临的重大挑战。加快完善养老服务体系，不断满足老年人持续增长的养老服务需求，则是关系我国全面建成小康社会的一项紧迫任务。为深入了解和总结地方相关经验，2016年5月30日至6月2日，本课题组一行5人对青岛市养老服务发展状况进行了实地调研，与当地市发改委、人社局、卫计委、财政局、老龄办等部门展开座谈，对几家典型养老机构、社区养老服务组织进行案例调查，与老年人代表、机构负责人、养老服务人员等广泛交流。调研发现，近年来，青岛市走出了一条依靠制度创新、模式创新等更好满足养老服务需求的有效途径。下文将报告本次调查的基本情况及相关建议。

---

* 执笔人：胡杰成。

一、青岛市人口老龄化现状

青岛市属于我国东部沿海发达地区。2015年,青岛市地区生产总值已达到9 300亿元,在全国各城市中排名第12位;人均生产总值超过1.6万美元,处于世界银行定义的高收入国家或地区的水平。在人口结构上,早在1987年,青岛市60岁及以上人口比重就超过了7%,步入老龄化社会,比全国早13年。进入21世纪,由于人口出生率逐步下降、人均预期寿命不断延长、20世纪生育高峰人群步入老年等原因,青岛市人口老龄化不断深化,并呈加速发展态势,目前属于全国老龄化程度较高的地区之一。

一是人口老龄化程度高于全国平均水平。截至2015年底,青岛市60岁及以上户籍老年人口158万人,占户籍总人口的20.69%,比同年全国人口老龄化平均水平高4.59个百分点。从人口老龄化速度来看,呈加速态势。"十一五"期间,青岛市老年人口年均增长3.17%,每年净增3.7万人。"十二五"期间,老年人口年均增速达到4.7%,每年净增6.6万人。

二是老年人口高龄化趋势显著。2015年底,青岛市80岁及以上老年人口24.6万人,占老年人口的15.6%;90岁及以上老年人口2.9万人,占老年人口的1.84%;100岁及以上老年人678人。"十二五"期间,青岛市人均预期寿命提高了0.9岁,达到81岁。预计"十三五"期间将达到81.5岁。

三是空巢、失能等高风险老年家庭比重高。据抽样调查结果显示,青岛市城镇空巢老人家庭比例达到66%,农村空巢老人家庭比例高达70%以上,其中80岁及以上高龄老年人空巢率达62%。至2015年底,青岛市失能、半失能老人共29万人,其中失能老人9.5万人。同时,青岛市家庭规模日趋小型化,家庭养老功能弱化,2012年全市平均每户人口数为3.09人,市区平均每户仅2.92人。

总的来看,随着青岛市人口老龄化程度不断提升,高龄、空巢、失能等高风险老年家庭明显增加,老年人对养老服务的需求也日益增长,这对当地完善社会养老服务体系提出了迫切诉求。

二、构建"9073"养老服务格局

针对老年人日益多元化的养老服务需求，青岛市经过不断探索，初步建立起以居家为基础、社区为依托、机构为补充的养老服务体系，形成"9073"养老服务格局，即90%的老年人在社会化服务协助下通过家庭照顾养老，7%的老年人享受社区居家养老服务，3%的老年人在养老机构接受服务。

一是实现困难老人居家养老服务全覆盖。政府为本市户籍60岁及以上"三无"、低保老年人购买居家养老服务，其中对半失能老年人每月服务时间不少于45小时，对失能老年人每月服务不少于60小时，按照城镇每小时15元、农村每小时10元的标准给予补助。2014年，政府为困难老人购买居家养老服务工作实现城乡全覆盖。为鼓励和扶持社会参与居家养老服务，政府规定对服务失能半失能老人30人以上的养老服务组织或企业，每年给予1万~7万元补助。每年约有30个居家养老服务组织获得补助。目前全市居家养老服务员2 600多名，为7 788名城乡困难老人提供居家养老服务。

例如，本课题组在李沧区入户调研的一位独居女性老人，现年90岁，听力严重下降，尚能自我行动，配偶早年去世，唯一的儿子也已去世。目前该老人每月领取700元低保金，并享受居家养老服务，养老服务员每天上门服务2小时，为其做饭、扫地、洗衣等，一定程度上解决了其生活照料问题。

二是加强社区日间照料中心建设。截至2015年底，青岛市建成城乡社区日间照料中心1 244个，覆盖了100%的城镇社区和68%的农村社区，参与活动的老人3万多名；具有助餐功能的日间照料中心236个，助餐老人5 000多名。政府对每个社区日间照料中心年运营补助5万~10万元。2015年市政府在全市建设30处社区日间照料中心示范点。和以往的日间照料中心相比，示范点的特点为：运营主体必须是社会组织或企业，实现专业化运作；功能上能提供送餐、助洁、陪诊、短期托养等服务，辐射周边居家老年人；服务量上日均服务老人不少于40人，具有一定规模效应。示范点建设促进了社区养老服务社会化、专业化、规范化程度的提高，壮大了一批社会组织，夯实了社区养老依托功能。

本课题组对"李沧区记忆护理日间照料中心"进行了实地调研。该中心属于政府打造的示范项目。2013年李沧区政府投资50余万元建成该中心，建筑面积210平方米，实行政府补贴、低偿收费、公办民营的经营方式。政府以每年25万元（市财政5万元、区财政20万元）购买服务，委托一家民办非企业单位承担运营。服务对象侧重于患有失智症或半失能的老人，提供日托、全托、喘息式等照料服务，主要辐射周边社区。该中心根据老人身体状况，将每月照护费和餐费分为600元、900元、1200元、1500元几个档次，自成立以来重点服务老人30多人，受益人数100多人。

三是大力提升机构养老服务能力。2015年青岛市养老总床位5.82万张，千名老人拥有床位37张，养老机构共193家。近年政府加大对公办养老机构的投入力度，2014年全市8处社会福利中心建成并投入运营，集五保供养、优抚保障、孤儿养育、救助管理、社会养老功能于一体，每处床位800~1400张。鼓励社会力量举办养老机构。2012年以来调动社会力量兴建养老机构53万平方米，吸引社会投资14.4亿元。目前民办机构成为养老行业生力军，全市民办养老机构数和床位数分别占87%和66%，涌现出圣德、新华锦、福山、万科等一批规模较大、服务规范、业内知名的民办养老机构典型。推进养老服务运营机制改革，大力倡导公办民营。全市26家公办养老机构中，14家通过招标、委托等方式交由社会力量运营，实现政府由直接服务到购买服务、监管服务的转变。

三、建立长期医疗护理保险制度

国家"十三五"规划提出"探索建立长期护理保险制度，开展长期护理保险试点"。早在2012年，青岛市便在全国率先建立起长期医疗护理保险制度，从制度上保障失能、半失能老人的医疗护理需求。

在快速的老龄化过程中，青岛市长期医疗护理需求不断增长，而现行的医保制度远远满足不了这种需求。为此，青岛市政府对建立一种什么样的长期护理保障制度进行了认真研究。从国外情况看，有以德国、日本等为代表的社会保险模式，有以美国、荷兰等为代表的商业保险模式，还有以瑞典、丹麦等为代表的福利模式。经过反复比较论证，青岛市选择了社会保险模式。同时，考虑到新建社会保险险种筹资的难度，确定从医保基金中划出部分资金先解决医疗护理问题，将制度搭建起来。2012年7月，青岛市政府先在城镇基本医保制度框架内建立起长期医疗护理保险制度。2015年1月1日青岛市正式出台实行《青岛市长期医疗护理保险管理办法》，实现护理保险制度的城乡全覆盖。其基本制度框架为：

一是在对象上实现城乡医保的参保人全覆盖。凡参加基本医疗保险的职工和城乡居民，均为长期医疗护理保险的保障对象。目前覆盖人数810万人。为确保护理保险制度健康可持续运行，体现社保缴费不同，待遇标准也不同，对城镇职工及一档、二档缴费居民采取不同的待遇保障水平。

二是在服务形式上采取专护、院护、家护、巡护四种形式。医疗专护主要针对重症失能老人，由二三级医院专护病房提供较高医疗条件的医疗护理；护理院医疗护理主要针对终末期及临终关怀老人，由医养结合的护理服务机构提供长期医疗护理；居家医疗护理和社区巡护是指由护理服务机构（或村卫生室）医护人员定期或不定期上门提供医疗护理服务，前者主要针对城镇退休职工，后者主要针对城乡参保居民。

三是在基金筹集上从基本医疗保险基金中定期划转。2012年试点期间，护理基金从医保基金和福彩公益金中划转。2015年城乡统筹后，从职工基本医保历年结余基金中划转20%，一次性划转19.8亿元，作为启动和支持基金。当期的护理保险基金，职工按个人账户计入基数的0.5%从医保基金划入，每年约5亿元，人均筹资156元/年；城乡居民按当年基本医保筹资总额的10%划入，每年约3亿元，人均筹资61元/年。

四是在待遇标准上根据社保缴费不同实行差异化待遇。符合规定的医疗护理费，职工报销90%；一档缴费成年居民、少年儿童和大学生报销80%；二档缴费成年居民只可申办巡护，医疗护理费报销40%。同时，护理保险费用实行"定额包干、超支不补"的结算管理办法，标准为专护170元/天、院护65元/天、家护50元/天、巡护800～1600元/年。这套标准为护理机构与社保机构结算的人均包干标准，不分解包干到每个患者。

五是在服务监管上建立一系列监管机制。包括享受护理待遇人员资格准入制度、护理服务机构资质准入制度、护理服务机构床位规划和备案制度、护理服务机构人员备案制度、护理服务机构监督考核机制等。

总体而言，青岛市长期医疗护理保险制度的最大特点是与基本医疗保险制度相对分离。其一，制度单独构架。根据服务对象的特殊性，将护理保险制度作为对基本医疗保险制度的延伸和拓展，进行了单独的制度设计。其二，资金单独管理。护理保险资金按一定标准从基本医保单独划转，独立建账、单独监管、专门使用。其三，保障内容相对独立。不同于基本医保以保障住院治疗为主，护理保险制度重点保障失能、半失能老人的医疗护理需求。

四、探索医养结合新型服务模式

为适应人口老龄化态势和慢性病发病率上升的疾病谱变化，青岛市以满足老年人的养老服务需求为出发点和落脚点，针对医疗资源和养老资源相分离的问题，通过医疗机构和养老机构之间的多方式合作，逐步建立起资源共享、优势互补的医养结合新型服务模式，有效提升了对患慢性病、残障、大病康复期、绝症晚期等失能老人的养老服务水平。2015年12月，国家卫计委、民政部主办的全国医养结合工作会议在青岛召开，山东省政府、青岛市政府在会上介绍经验。这表明青岛的医养结合新型服务模式在全国具有率先示范意义。具体来看，青岛的医养结合服务主要包括以下六种模式：

一是医中有养，即盘活现有存量医疗资源，鼓励二级公立医院整体转型为老年医院、护理院，有条件的二三级公立医院、疗养院开设老年病房、医疗专护病房，或在养老机构内设置护理院等医疗服务延伸点，发挥专业优势，提供医养结合型医护服务。目前已有18家公立医院实现转型发展。

二是养中有医，即在养老机构中建立医疗机构，两个机构、一门服务，共同开展医养结合服务。青岛市积极鼓励社会资本兴办各类医疗机构，按照"非禁即入"原则，为社会办医留足空间，重点加快发展疾病康复、老年护理等提供专科化服务的医疗机构，优先支持养老机构设置护理院（站）、康复医院等医疗机构，增加老年病人护理和康复床位。目前全市具有医疗资质的养老机构有71家。

本课题组实地调研的李沧区社会福利院是一所公办福利院，也是一家医养结合养老机构。该院属于养中有医的典型，是青岛市首家成立"医疗门诊"的养老机构，通过门诊大病、长期医疗护理、门诊统筹等，为入住老人提供医疗服务，使老人享受医疗保障政策，后来被青岛业界所效仿。目前该院在政府资金支持下正准备进一步申办二级医院。

三是医联结合，即大型公立医院与社会办医养结合机构建立医联体。公立医院一方面为入住社会办医养结合机构的患病老人开辟绿色通道，对患急症的老人进行紧急抢救等工作；另一方面，派专家到社会办医养结合机构坐诊、查房，培训医生护士，将优质医疗资源下沉至养老机构，提高医疗资源的整体效率。社会办医养结合机构接受公立医院抢救后需要继续治疗的老人。

四是养医签约，即医院与没有条件办医疗机构的养老机构签约，由医院承担养老机构的医养结合综合服务，或承担养老机构的医疗服务，满足一些小型养老机构和社区日间老人照料中心的医疗护理需求。承接单位既可以是公办医疗机构，也可以是民办医疗机构。通过签约合作，形成互补、互动、互助、互利的服务合力，提高对老年人的养老服务水平。

五是两院一体。一种是社会投资人同时投资设立医疗机构和养老机构，同一法人代表，一套班子、两块牌子，提供医养结合服务，其内部设置、运作模式多数按照医疗机构模式。另一种是乡镇在新建卫生院的同时建立敬老院，统筹规划、统一建设，实现"两院一长"，卫生院院长兼敬老院院长，敬老院由卫生院托管。卫生院与上级医院建立合作机制，提高辖区医疗卫生服务能力。

本课题组实地调研的青岛济慈老年公寓、青岛济慈医院即属于两院一体的医养结合机构。这两家机构都是由青岛当地一家房地产企业，利用一个开发项目中的配套慈善用地投资举办，一套班子、两块牌子，同时投入运营。由于该老年公寓较好的医养结合服务，加上投资方多年的企业经营管理经验，目前其 300 张总床位的入住率达到 80%，明显高于一般的民办养老机构。

六是居家巡诊。即社区卫生服务中心承担医养结合机构外的老年健康医疗服务和居家巡诊业务。通过建立家庭病床、签约全科医生等形式，为社区及养老机构提供上门医疗护理和健康体检服务，为居家养老人员提供个性化、人性化的医护服务。

五、青岛市养老服务发展成效与不足

（一）青岛市养老服务发展成效

创新是引领发展的第一动力。青岛市通过构建"9073"养老服务格局、建立长期医疗护理保险、探索医养结合服务等一系列的制度创新、模式创新，在养老服务发展方面取得显著成效。一是更好地满足了老年人持续增长的养老服务需求。例如，目前有 4 832 名"三无"、低保失能半失能老人享受到每月 45~60 小时的居家养老服务；长期护理保险实施 3 年多来，共支出护理保险金 9 亿多元，4 万多名参保患者享受了护理保险待遇。二是缓解了"住院难、看病贵"，减轻了失能老人及其家庭的负担。医养结合的发展、长期医疗护理保险的实施，使得失能老人在养老机构或家里即可得到医疗护理，不必去挤住医院，"住院难"问题得到一定缓解。同时个人负担大大减轻，据统计，护理保险人均床日个人负担 4.2 元，只有二三级医院的 1/77。三是促进了医疗资源的合理利用，提高了社保基金的使用效益。医养结合实践促进了医疗机构利用闲置床位资源实现转型发展，同时加上护理保险制度的推行，缓解了失能患者的"社会性住院"，减少了医疗资源在部分老年人身上的过度浪费，并实现了以较低成本购买较高医疗护理服务的目的。据统计，三年护理保险支出累计购买了 1 584.2 万个床日的护理服务，而同样的资金只能购买二三级医院普通住院 112 万个床日。

(二) 青岛市养老服务发展存在的困难和不足

第一,养老服务供需矛盾依然突出。目前青岛市养老服务供给总量、医护人员总量、服务能力和政策覆盖等,还远不能满足日益增长的养老服务需求。例如,在人才方面,医护专业人才严重不足,一般护理人员短缺、社会地位低下、年龄老化、流动性强。从供需结构来看,公办养老机构一床难求、民办养老机构空置率高的供需错配问题突出。原因在于公办机构服务较好、管理有序、价格较低;而民办机构因为在土地、房屋、设备、人工等方面的成本较高,价格相对较高,许多机构服务质量难以保证、管理也难以到位。

第二,长期护理保险制度缺乏顶层设计。社会保险属于国家立法权限,青岛市作为地方无权进行保险制度的突破,只能在基本医疗保险制度框架内进行制度完善,在保障范围和项目上不能突破医保"三个目录"和医疗护理范畴,基本医疗保险基金不能用于支付失能老人的生活照料费用,福利彩票公益金用作护理保险基金还受到审计部门的质疑。长期护理保险制度的推行和完善,需要国家对其具体模式、资金筹集及可持续支付能力等加强顶层设计。

第三,居家和社区养老服务有待进一步加强。青岛市根据当地养老服务需求状况,确定了"9073"发展思路。从目前的实际情况来看,政府将发展重点放在了机构建设即其中的"3"上,其资金投入力度明显超过了对居家和社区养老的投入。而对90%这部分老人,除困难老人外,没有较为完整的支持政策,服务体系建设十分单薄。目前社区养老服务主要面向低龄、能自理老人,而对那些高龄、失能、半失能老人服务不够。社区日间照料中心还处于建设30处示范点的阶段,还需要进一推广、完善功能和提升服务。

第四,政府"保基本、兜底线"的功能并未充分发挥。调研发现,本应发挥政府兜底功能的公办养老机构,由于目前没有建立老年人需求评估机制,造成大量自理能力较好的老年人入住其中。这既导致许多高龄、失能老人的机构养老需求无法得到兜底保障,公共资源利用效率偏低,也造成公办机构与民办机构功能区分不清,形成不公平竞争,公办机构依靠政府大量投入形成优质低价服务，挤占民办机构正常发展空间。

第五，民办养老机构发展仍面临体制机制障碍。在土地方面，有机构反映，租用城郊农村集体土地所建房屋由于没有房产证，根据现行相关规定，卫生部门不予准许开办二级医院，导致该机构医养结合发展受到阻碍，机构入住率大受影响。在融资方面，目前慈善用地无法抵押贷款，影响民办机构扩大和改善服务的能力。在人才方面，民办机构医务人员在职称评定、业务培训等方面仍然存在较大体制机制障碍，由此造成人才引进难、队伍不稳定。现存的体制机制障碍，加上许多民办机构长期亏损，已经影响社会力量投资机构养老的积极性。

六、启示与建议

（一）青岛市养老服务发展启示

第一，应对人口老龄化应积极主动，大胆推动制度创新、模式创新。面对人口老龄化严峻挑战，青岛市委、市政府充分体现出积极应对、抓紧行动的态度和思路，在全国率先建立了长期医疗护理保险制度，对医养结合服务模式进行了较为深入的探索，不仅夯实了当地养老服务发展的体制机制基础，改善了当地养老服务，而且为全国范围内的相关改革和发展提供了重要经验。

第二，发展是第一要务，是成功应对人口老龄化的根本保证。在构建"9073"养老服务格局、实施长期护理保险制度等过程中，青岛市政府进行了大量的资金投入，如政府购买服务、对养老机构的运营补贴和床位补贴、对社会保险基金的财政补助等，同时吸引了许多社会投资。正是青岛作为经济发达地区所积累的政府财力和社会财富，为制度创新、服务完善提供了根本的经济支撑。

第三，应发挥政府主导作用，强化其"保基本、兜底线、促公平"的职能。在青岛市养老服务发展过程中，当地政府通过制定法规、出台规划、创新制度、完善政策、加强投入、加强监管等，发挥了政府的主导作用。而且，推进困难老人居家养老服务全覆盖、实行护理保险费用"定额包干、超支不补"等，都反映了政府"保基本、兜底线"的思路；推进护理保险城乡全覆盖等举措则体现了政府"促公平"的职能。

第四，应创新供给方式，激发社会力量参与提供养老服务的积极性和活力。青岛市通过政府向社会力量购买养老服务，吸引社会资本参与投资、建设和运营养老服务，倡导公办养老机构公办民营，加强对社会力量兴办养老的财政补贴、土地保障等举措，有效激发了社会力量参与养老服务的积极性，促进了政社合作，使社会力量成为当地养老服务的重要主体，扩大了养老服务的有效供给。

（二）进一步完善养老服务体系的建议

第一，理清公办和民办养老机构的职能定位。公办养老机构应优先保障经济困难的无子女、失能、高龄老人的基本养老服务需求。公办养老机构建设应坚持经济实用原则，避免铺张浪费、搞形象工程。建立和完善老年人照护需求评估制度，根据老年人需求等级匹配相应的基本养老服务。通过支持民办养老机构的发展，满足老年人多层次、多元化的养老服务需求，依靠市场资源配置作用，促进养老服务供给的增加和服务水平的提高。

第二，完善社会力量参与养老服务发展的政策支持体系。在养老服务领域积极推广PPP（政府和社会资本合作）模式，进一步吸引社会资本参与投资、建设和运营。从银行信贷、债券融资等方面，创新养老服务发展金融支持政策。完善社会力量投资养老服务用地支持政策。强化税收等方面优惠政策的落实。支持社会力量参与发展居家养老、社区养老，以及医养融合服务。解决民办养老机构人才职称、待遇、培训等问题。

第三，加强对长期护理保险制度的顶层设计。将国家、社会、个人共同承担保障责任作为长期护理保险的基本原则。采取社会保险保基本、商业保险为补充的模式，既减轻政府财政负担，又避免低收入人群难以覆盖的问题。在资金筹集上，建立单位和个人缴费以及政府适当补贴的多渠道筹资机制。从中长期看，应通过国家立法将长期护理保险单设险种，将医疗和生活护理全部包含在内。现阶段应加强地方试点探索和经验总结。

第四，大力完善居家和社区养老服务。建立健全以社会组织和企业为主体、以社区为依托、满足各种养老服务需求的社会化居家养老服务网络。加强社区为老服务中心、日间照料中心、老年协会等养老服务机构和组织建设。培育发展社区老年人互助组织，支持社区互助式养老。鼓励发展养老社区，开展对老年人集聚区的适老性改造。加大政府购买居家和社区养老服务力度。加强居家和社区养老服务信息化建设，促进供需对接、提高服务水平。

参考文献

1. 青岛市民政局：《青岛市养老服务发展总体情况》，2016年6月。

2. 青岛市卫生和计划生育委员会：《六种类型 全面覆盖 不断提升老年健康服务水平》，2016年6月。

3. 青岛市财政局：《人口老龄化对青岛市社会保障能力影响及政策建议》，2016年6月。

4. 青岛市人力资源和社会保障局：《为积极应对老龄化挑战 青岛市探索建立长期医疗护理保险制度》，2016年6月。

5. 上海市人民政府发展研究中心主编：《上海养老服务发展报告》，格致出版社、上海人民出版社，2016年。

第十二篇
社会组织承接政府购买社会服务的实践探索*

——广州市"家庭综合服务中心"调查报告

内容摘要： 广州市在街道层面建立家庭综合服务中心，通过政府购买社会服务的方式，由民办社会工作机构承接运营，创新了公共服务供给方式。D街、F街家庭综合服务中心的案例表明，社会组织在社会服务领域具有较强的服务灵活性、需求贴近性，能调动多元主体的积极性，整合各种社会资源，从而有效满足居民需求，改善基层社会治理。但同时，家庭综合服务中心在统筹规划、招投标机制、服务深度和效度、监督评估机制等方面还有待完善。其政策启示在于，应促进社会组织成长壮大、完善社会组织承接政府购买相关法律和制度等。

20世纪80年代以来，在新公共管理理论和公共治理理论等思潮的影响下，公共物品和公共服务供给领域兴起了公私合作的潮流，社会组织日益成为公共服务的重要提供者。近年来，我国社会组织快速发展，在服务民生等方面的作用逐步显现，社会组织与政府合作的格局初步形成①。进一步激发社会组织活力，处理好政府和社会关系，将适合由社会组织提供的公共服务

---

* 执笔人：胡杰成。
① 王名：《关于加快形成现代社会组织体制的建议案》，《学会》，2013年第8期。

和解决的事项，交由社会组织承担，是我国全面深化改革的重要任务。

围绕社会组织承接政府购买服务问题，2015年6月初，本课题组对广州市"家庭综合服务中心"建设与运营状况进行了为期一周的实地调研。调研期间，与广东省社会工作委员会、民政厅、财政厅、发展改革委等部门展开座谈，对2个家庭综合服务中心及街道进行典型调查，与基层干部、社会组织负责人、专业社会工作者、居民代表等深入交流。本文将基于该次调查掌握的一手资料和其他相关资料，介绍广州市"家庭综合服务中心"的建设背景和现状、运行实践、存在的问题及政策启示等。

一、"家庭综合服务中心"建设背景与制度设计

根据中共广州市委办公厅、广州市人民政府办公厅2011年9月印发的《关于加快街道家庭综合服务中心建设的实施办法》（下文简称《实施办法》），家庭综合服务中心是指在街道设置的一个服务平台，通过政府购买社会服务的方式，由民办社会工作服务机构（下文简称民办社工机构）承接运营，根据区域实际服务需求，以家庭、青少年、长者等重点群体的服务为核心，面向全体社区居民提供专业、综合、优质的社会服务。

（一）"家庭综合服务中心"建设背景

随着经济社会高速转型与发展，城市基层居民社会服务需求不断上升。广州作为人口大量集聚的特大城市，这方面表现十分突出。首先，人口老龄化加剧、家庭结构变化造成城市老年人的生活照料、康复保健、精神慰藉和社会支持等问题日益突出。广州自1992年就进入了老龄化社会。截至2014年底，广州市60周岁及以上老年人达140.65万人，占户籍人口的16.75%，其中80周岁及以上老年人22.65万人，占老年人口的16.11%，失能、半失能老人相应增多①。

---

① 田伟、印锐：《广州人口老龄化将以每年5%速度快速增长》，人民网，http://sz.people.com.cn/n/2015/0806/c202846-25866111.html，2015年8月6日。

其次，快速的社会变迁带来一系列的社会适应问题，如贫困家庭扶助、失独家庭扶助、"代沟"协调、青少年网瘾戒治，以及精神病人、艾滋病机会性感染者、吸毒人员等特殊人群的社会回归等。例如，截至2013年末，广州户籍失独人员有2 299人，其中60周岁及以上的失独老人1 369人①。至2014年底，广州登记在册的重性精神病患者达4.9万人，到2015年5月增至5.5万人②。在课题组实地调研的广州老城区的一个街道，在册的重性精神病患者达400多人。

再次，人口流动性显著增强，亟须加强对大量外来人口的服务管理。截至2013年末，广州市外来流动人口总数约为837万人，超过了户籍人口数量③。同时，广州是一个国际化大都市，目前居住着11.8万外国人，其中，亚洲人口5.7万人，欧洲人口2.2万人，非洲人口1.6万人④。对外来人口的服务管理水平直接关系外来人口的社会融合，关系广州的和谐稳定。

然而，与居民社会服务需求不断上升形成矛盾的是，城市基层社会服务水平明显落后，传统的政府直接生产公共服务的模式日益暴露出不足，远不能为居民提供专业化、多元化、精细化的社会服务。现代公共服务理论和实践证明，政府向社会组织购买服务是解决这一问题的有效途径。广州市选择的正是这样一条改革道路，即在街道层面建立"家庭综合服务中心"，通过政府向社会组织购买社会服务来创新公共服务供给。

（二）"家庭综合服务中心"制度设计

根据《实施办法》，家庭综合服务中心采取"政府出资购买、社会组织承办、全程跟踪评估"的方式为社区居民提供社会服务，承接运营的民办社工机构"综合运用社会工作专业知识、方法和技能，开展困难救助、

---

① 李强、黄妙哲等：《广州首设失独老人养老专区》，广州市社会工作委员会官网，http://www.gzshjs.gov.cn/node_625/node_628/node_631/2015/07/30/143822367451052.shtml，2015年7月30日。
② 何雪华、粤卫信：《精神病患九成在社区》，《广州日报》，2015年7月28日第A6版。
③ 张林：《广州非户籍人口已达840.7万》，《羊城晚报》，2014年4月23日第A7版。
④ 罗仕、刘操等：《在广州居住外国人达11.8万 日本人最多韩国居次》，金羊网，http://news.ycwb.com/2014-12/01/content_8227974.htm，2014年12月1日。

矛盾调处、权益维护、心理疏导、行为矫治、关系调适等社会服务工作"。

在基本目标和要求方面：全市每个街道至少建成1个家庭综合服务中心。承接机构原则上每10万元购买服务经费配备一名工作人员，工作人员总数的2/3以上为社会服务领域相关专业人员、1/2以上为社会工作专业人员。将承接家庭综合服务中心的服务项目纳入政府采购管理范畴，采取公开招标、邀请招标、竞争性谈判、单一来源采购等方式，确定承接运营的机构。

在政府购买服务的操作规范方面：①合约签订。由区（县级市）民政局、所在街道和中标机构三方签订合约，区（县级市）民政局为合约实施的监督方，街道办事处为政府购买社会服务的购买方，中标的民办社工机构为服务提供方。②合约周期。合约以三年为一个周期，周期内一年一签，每年均进行末期评估，末期评估合格后续签，不合格的不予续签。③资金拨付。政府购买服务资金在合约签订生效之日起15个工作日内拨付55%；年度中期评估结束后15个工作日内拨付40%；年度末期评估合格后拨付5%。④运营。家庭综合服务中心日常开展的服务面向辖内全体居民；以无偿为主、低偿为辅；开展低偿服务的，确保无偿服务质量不受影响；所得收益全部用于拓展和加强家庭综合服务，不得用于分红。

在财政保障方面：将政府购买社会服务资金纳入常态化财政预算，由市、区（县级市）财政按比例共同分担。市财政按每个家庭综合服务中心每年200万元项目购买经费预留市的分担比例预算。

（三）"家庭综合服务中心"发展现状

广州市2008年开始试点探索政府购买社会工作服务，并将购买服务经费纳入市、区两级财政预算，2010年开展街道家庭综合服务中心试点建设，2012年实现街道全覆盖。至2014年底，全市共有172个家庭综合服务中心（其中街镇156个、社区16个），服务内容涵盖家庭服务、长者服务、青少年服务、残障康复、社区矫正等多个领域。市、区财政每年投入约3.3亿元，6年累计投入超过11亿元；培育了一批社会工作服务机构，全市有民办社工机构267家，2014年为市民提供各类服务近170万人次。①实践表明，广州的"家庭综合服务中心"在深入服务居民需求、提升居民幸福感、促进政府职能转变、维护社会和谐稳定等方面发挥了积极作用。

二、"家庭综合服务中心"运行实践——以D街家庭综合服务中心②为例

下文将以D街家庭综合服务中心为例，结合课题组调研获得的一手资料，展现和分析家庭综合服务中心的运行实践。D街道为广州市Y区所辖，D街家庭综合服务中心于2012年3月正式成立，由广州市K社会工作发展中心承接运营。

（一）D街家庭综合服务中心承接机构的基本情况

2011年广州市委、市政府提出"确保2012年上半年每个街道至少建成1个家庭综合服务中心"，给民办社工机构在当地发展提供了难得的机遇，许多民办社工机构正是在这一时期注册成立的，其中就包括广州市K社会工作发展中心（以下简称"K社工中心"）。该机构2012年初经广州市民政局批准注册，属于民办非企业单位，主要依托广州某大学社会工作专业力量。其首任理事长、现任理事长和副理事长均为该所大学相关专业资深教师。该机构设有理事会、总干事、财务部、行政部、宣传部、研究拓展部等部门，并建立起相应的管理制度及财务制度。现有总干事2名，专业督导6名；员工40名，其中社会工作专业毕业或具有社工证的27名。

2012年初，在广州市"家庭综合服务中心"政府购买服务首次公开招投标过程中，K社工中心成功中标并承接登D街家庭综合服务中心的运

---

① 广东省社会工作委员会：《关于广州市政府购买社会工作服务的调研报告》，内部资料，2015年6月。

② 遵循学术惯例，本文隐去所涉及街道、区、机构的真实名称，以字母代替。

营①，每年运营经费200万元，3年累计600万元。至2015年初首个3年合约期满后，K社工中心连续中标第二个三年合约，运营至今。

K社工中心是一家典型的高校背景的社会工作服务机构。据广东省社会工作委员会统计，目前在广州86家承接政府购买服务的社会工作机构中，具有高校背景的占22%，即由高校社会工作专业教师发起成立，并从所教的毕业生中招聘和培养骨干社会工作者②。其原因在于目前广州社会工作人才短缺，现有人才主要集中在高校。

（二）D街家庭综合服务中心服务内容与开展

1. 服务项目设置

对于各个街道家庭综合服务中心而言，"有效回应服务对象的需要"不仅是服务项目设置的根本要求，而且是质量评估时被考察的最重要指标。

D街道为Y区所辖18个街道之一，总面积4.98平方公里，下辖12个社区居委会；人口十分密集，目前常住人口10万人左右，流动人口约4万人，另有外国人1.5万人左右。根据广州市委、市政府的统一部署，2012年3月20日，"D街家庭综合服务中心"正式挂牌。K社工中心作为承接运营机构，根据"3+X"的服务内容要求（即家庭、青少年、长者三项服务为统一设置，在此之外，承接机构根据各街道的实际需求，再设置一些特色服务内容），结合对D街居民需求的深入调研，建立起以家庭服务、青少年服务、长者服务、外国人服务、义工服务五项服务为主的服务体系。

2012年初，K社工中心负责人发挥自己身为高校社会工作专业教师的优势，带领40多位大学生，对D街道的部分区域进行了"洗楼"式调研，逐户上门调查了解居民需求、诊断社区问题，做竞标方案书，为成功中标和此后的服务开展打下坚实基础。而且，在每年的服务运营中，入户调查、了解需求都是不可缺失的基础环节。

---

① K社工中心同时还承接了Y区另外一个街道家庭综合服务中心的运营。
② 广东省社会工作委员会：《关于广州市政府购买社会工作服务的调研报告》，内部资料，2015年6月。

外国人服务项目特别能体现 D 街家庭综合服务中心在服务设置上的针对性。D 街道辖区内居住着来自 80 多个国家的 1.5 万名外国人,以非洲籍为主,他们在广州经商、工作、就学或者无正当职业,大部分都没有纳入公安机关的登记管理范围。外国人在广州面临语言、租房、签证、医疗、教育、文化适应、社会支持等一系列问题,还给当地社会治安和秩序带来一定挑战。这对完善对外国人的服务管理提出了迫切要求。而 D 街家庭综合服务中心的外国人服务项目正好回应了这一需求。

2. 服务开展及效果

在公共服务生产中,社会组织生产相对于政府直接生产的优势不仅在于竞争性招标机制带来的成本降低,而且在于能为居民提供更为专业化、多元化、精细化的公共服务。

依托 D 街家庭综合服务中心,K 社工中心的社会工作者运用个案工作、小组工作、社区工作等社会工作的专业方法,有针对性地为 D 街道的长者、青少年、儿童、妇女、残疾人、外国人等不同对象,提供各种形式的社会服务,以此化解社区问题、促进社区发展。以 2012~2013 年度为例,D 街家庭综合服务中心共完成入户探访及电话探访 3 034 户;接受个案 82 个,服务 380 次;完成专业小组 49 个,兴趣小组 84 个,共服务 5 210 人次;开展社区活动 27 次,服务 757 人次;发展义工 450 人,开展义工培训 41 次。[①]

在长者服务方面,D 街家庭综合服务中心通过入户探访、心理疏导、义诊筛查、医疗讲座、歌舞锻炼、节日问候、老人欢乐节等服务活动,活跃长者社区支持,强化重点长者(如独居老人、失能半失能老人、高龄老人等)的社区化养老支持。

在青少年服务方面,围绕青少年社区教育、社区参与和低龄青少年社区照顾等主题,开展了青少年兴趣小组、环保宣传、公益参与、禁烟活动、人际交往、心理健康、体育活动、驻校社工等多种多样的服务活动。

在家庭服务方面,D 街家庭综合服务中心的服务活动包括亲子活动、幼儿技能发展、女性增能、反家暴、残疾人扶助、兴趣小组、关爱特殊家

---

① 参见广州市社会工作协会:《Y 区 D 街家庭综合服务中心指标完成情况统计表》,广州社区服务网, http://www.96909.gd.cn/sqfww/gzcs_ xiangmu_ xmpg_ show.asp? t_ id =9170, 2013 年 3 月。

庭（低保户、单亲家庭等）、社区公益参与等，促进普通家庭成长，构建特殊家庭支持网络。

在外国人服务方面，2013～2014年度，D街家庭综合服务中心为724位外国人提供了服务，累计为外国人提供服务3 757次[①]。服务内容包括教授外国人中文、引导外国人认识和熟悉广州、中国签证相关法律宣传与咨询、协助安置和租房、小孩上学资源链接、疾病预防宣传与义诊、组织文体活动、促进外国人社区参与等，很好地发挥了促进外国人融入当地社会的作用。2013年，D街家庭综合服务中心的外国人服务被评为"广东省优秀专业社会工作服务项目"。

在义工服务方面，D街家庭综合服务中心发展和培训义工，组织义工活动（如法律咨询与援助、健康宣传与义诊、环保活动、敬老活动等），调动和整合了社区资源，有效促进了社区发展。

从D街家庭综合服务中心的服务活动可以看出，社会组织在基层社会服务领域具有很强的服务灵活性、需求贴近性，能较好地调动多元社会主体，整合各种社会资源，激发社会参与、志愿互助的活力，从而有效满足居民需求，增强社会融合，改善基层社会治理。而且，政府与社会组织的合作关系不仅体现在"政府购买、社会组织承接"这种合约关系上，在基层社会服务的实际开展中，两者也密切保持着相互支持、相互参与、相互促进的合作关系。

（三）民政部门对D街家庭综合服务中心的评估和监督

根据《实施办法》及广州市民政局相关文件，家庭综合服务中心的评估和日常监督由市民政局统筹指导，区（县级市）民政局和街道积极配合。评估每年进行两次，即中期和末期评估。同时，对家庭综合服务中心实行日常服务的随机抽查机制，每个家庭综合服务中心在3年服务周期内必须抽查一次。中期评估或随机抽查不合格的，限期整改；末期评估不合格的，不予续签下年合约。

D街家庭综合服务中心的案例可以展现家庭综合服务中心评估的基本

[①] 广州市KX社会工作发展中心：《关于外国人部从D街家庭综合服务中心独立的提案》，内部资料，2015年5月。

流程和方法。以 2012~2013 年度为例，受 Y 区民政局的委托，第三方专业机构——广州市社会工作协会对 D 街家庭综合服务中心进行了末期评估。①在评估方式上，采取评委集中实地评估的方式；②在评估标准上，分为八大指标即运营建设与管理、服务对象权利保障、协调沟通机制、人力资源配置、财务管理、各领域服务开展、服务对象满意度和中心知晓度，每项指标细化为相应的次级指标及具体标准；③在具体方法上，包括听取介绍、实地观察、查阅资料、面谈、问卷调查等方法[①]。

例如，在各领域服务开展情况方面，各街道家庭综合服务中心要接受严格、细致的量化评估。D 街家庭综合服务中心 2012~2013 年度协议接受青少年个案 30 个，实际接案 27 个，完成率为 90.0%；协议完成青少年专业小组 21 个，实际完成 17 个，完成率 81.0%；协议完成青少年兴趣小组 21 个，实际完成 25 个，属于超额完成，完成率 119.0%[②]。

同时也有定性评估。在青少年服务方面，D 街家庭综合服务中心被评价为，"值得肯定的地方"包括"工作人员积极努力……工作认真负责""资料整齐、翔实，个案记录有对话记录"等；"需要关注的地方"包括"希望能提高小组工作记录的专业性""希望能提升督导意见的执行情况"等。[③]

可以看出，政府对家庭综合服务中心的评估和监督具有以下特点：一是委托第三方专业机构进行独立评估；二是定期评估与随时抽查相结合；三是建立系统化、指标化、精细化的评估标准体系；四是定量评估与定性评估相结合；五是特别注重服务对象的评价及满意度。

[①] 参见广州市社会工作协会：《Y 区 D 街家庭综合服务中心末期评估报告》，广州社区服务网，http://www.96909.gd.cn/sqfww/gzcs_xiangmu_xmpg_show.asp?t_id=9170，2013 年 3 月。

[②] 参见广州市社会工作协会：《Y 区 D 街家庭综合服务中心指标完成情况统计表》，广州社区服务网，http://www.96909.gd.cn/sqfww/gzcs_xiangmu_xmpg_show.asp?t_id=9170，2013 年 3 月。

[③] 参见广州市社会工作协会：《Y 区 D 街家庭综合服务中心末期评估报告》，广州社区服务网，http://www.96909.gd.cn/sqfww/gzcs_xiangmu_xmpg_show.asp?t_id=9170，2013 年 3 月。

三、"家庭综合服务中心"制度与运行存在的问题

2010年以来,广州市在"家庭综合服务中心"建设方面经过了试点、全面铺开和逐步完善的过程,对政府向社会组织购买社会服务进行了积极探索,积累了宝贵经验,促进了一批民办社工机构的发育成长,在满足居民社会服务需求方面取得显著成效。但实践表明,"家庭综合服务中心"作为一种公共服务供给模式创新,目前其制度与运行还存在一些有待完善之处。

(一)政府对家庭综合服务中心建设的统筹规划需加强

首先,广州的家庭综合服务中心以街道为基本单位,政府采取"一刀切"的方式,在每个街道建立1个家庭综合服务中心、每个中心每年200万元政府购买经费,未充分考虑不同街道人口规模的差异、困难人群比重的差异、面积和地理位置的差异等,布局和资源配置不够合理,影响服务效率的提升。

其次,家庭综合服务中心与其他的政府购买服务项目缺乏统筹安排。家庭综合服务中心建设主要由民政部门负责,而同时广州的工青妇残、人社、人口计生、司法等部门都有政府购买社会服务项目,不同部门的购买项目之间存在内容相互交叉、资源重复投入的问题,影响政府购买效率的提高。

(二)家庭综合服务中心招投标机制不完善

虽然目前广州的家庭综合服务中心都以公开招投标的方式选定承接机构,还建立了专门的政府购买社会服务评标专家库,但由于没有独立和成熟的社会服务招投标平台,只能借助工程和商品的平台和方法进行招标,招标代理公司的专业性不足,对政府购买社会服务项目的标书设计、商务

评分、技术评分等标准及环节不熟悉,各项标准缺乏统一的规范①。

另外,招标工作存在一些评标专家"既当裁判又是选手"的问题。由于目前广州社会工作专业人才数量有限,一些专家既是民办社工机构的开办者,又是专家库的专家。尽管在投标中严格执行回避制度,但出于控制专家劳务成本、避免外地专家不了解情况等考虑,家庭综合服务中心项目的评标工作主要由广州本地专家负责,导致出现"熟人"评标和"人情分"现象②。

(三)家庭综合服务中心提供社会服务的深度和效度不够

调研发现,目前广州的家庭综合服务中心开展的活动多为康娱性质、培训性质、托管性质等,服务范围窄、对象覆盖率低、服务质量不高,在回应居民需求的深度和效度上还有较大上升空间。原因首先在于承接机构的专业水准不够高。大量的民办社工机构成立的时间都很短,在社会工作专业人才、社会服务开展经验、机构运营经验等方面都缺乏积累,现有的社会工作者整体上年龄结构轻、从业时间短、专业素养不高、实务能力不强,都制约了这些机构在承接运营家庭综合服务中心后的服务水准。

其次,现行的评估机制导致家庭综合服务重数量不重质量。每个家庭综合服务中心都面临一整套精细化的服务数量评估指标,而服务质量则较难明确衡量,导致各个中心普遍为了完成数量指标而开展服务。调研还发现,评估强调所有的服务工作都留下"文字痕迹",使得社会工作者的大量时间和精力被消耗在整理文字记录上,不能更好地集中精力于服务活动本身。

第三,社会工作服务的配套制度设置不健全。在发达国家和地区,社会工作者作为一项专门的职业,其工作开展有相应的制度和法律保障。如在我国香港地区,社会工作者在诊断服务对象面临的具体问题后,有权限帮助服务对象申请政府福利资源,或撬动社会性资助。社会工作者的人身

---

① 杨海清等:《政府购买社会工作服务的"忧"与"思"》,《中国社会报》,2015 年 3 月 20 日第 5 版。

② 广东省社会工作委员会:《关于广州市政府购买社会工作服务的调研报告》,内部资料,2015 年 6 月。

安全也有专门的法律保护。而目前内地地区在这方面的制度和法律设置差距较大。

（四）民办社工机构缺乏社会工作专业人才和领导管理人才

调研了解到，目前广州社会工作专业人才短缺、高素质人才紧缺、人才流动性大，较大程度上制约了民办社工机构承接运营能力和水平的提升。其深层原因主要在于我国专业社会工作发展历程较短、社会认知度低，社会工作者的培养使用、待遇保障、职业资格评定、晋升流动、继续教育等机制不健全。广东省属于我国专业社会工作发展、人才培育领先的地区之一，但2012年广州全面推开家庭综合服务中心建设时，社会工作专业人才短缺的问题同样突出，各个民办社工机构争抢人才、相互挖人的现象较为普遍。广州目前社会工作者的平均人力成本为5 000元/月/人，除去缴纳"五险一金"，人均实际到手工资3 000多元，资深社会工作者的薪酬提升空间也不大，这导致社会工作领域很难留住人才，很难培养高素质人才。

另一个问题是社会工作服务机构领导管理人才缺乏。社会组织领导者和管理者的素质直接影响组织的运营能力。优秀的社会组织领导者和管理者必须具备奉献公益的精神，较强的资源募集能力、服务项目设计和组织能力等。由于我国社会建设、社会发展总体上滞后于经济建设、经济发展，社会领域的人才培养和积累欠账也较大。

（五）民办社工机构内部治理结构不健全

规范、成熟的社会组织应具备较为完善的内部治理结构，包括会员大会、理事会、监事会，及选举、议事、财务、法定代表人离任审计、负责人管理和责任追究等制度。目前广州的民办社工机构绝大部分都处于起步成长期，普遍存在内部管理制度不健全、运作不规范的问题，从而影响其承接运营家庭综合服务中心的绩效。

以财务管理为例，Y区部分街道家庭综合服务中心存在不了解民办非企业会计制度、财务管理制度不完善（如会计和出纳未及时对账、未设固定资产科目核算）等问题①。

（六）对家庭综合服务中心的评估和监督机制不完善

根据制度设计，广州市对家庭综合服务中心实行独立第三方评估。针对一度存在的评估机构众多、评估标准不统一的问题，自 2015 年 8 月开始，广州市民政局委托广州市社会工作协会制定了统一的评估标准，并将全市家庭综合服务中心项目的评估工作集中委托给四家机构②。

目前的问题在于，监督评估的内容体系仍需进一步优化。广州市民政局对每个街道每年 200 万元购买服务经费的支出构成作了具体规定：总经费的 60% 用于人员开支，10% 用于专业支持，10% 用于开展专业服务和活动费用，10% 用于日常办公费用，10% 用于其他杂费（包括中标费用、评估费、相关税费等）。③ 在实地调研中，广州有社会组织人士认为，这体现了政府的计划经济管理思维，对社会组织内部运营管得过于具体，制约了社会组织的自主性和创新活力。另外，当前评估更侧重家庭综合服务中心的服务数量而非质量，如何对服务质量、效果进行有效评估，需要在评估方法、技术上不断完善和创新。

（七）民办社工机构的税收负担较重

目前我国已初步建立起社会组织税收优惠政策体系，在现实操作中，社会组织能否真正享受税收优惠关键在于免税资格的认定与执行。而且，我国税收政策由中央统一制定，地方无权自主制定社会组织税收优惠政策。目前由于免税条件要求高、相关政策落实不到位等原因，获得免税资格的社会组织以公益性社会团体和基金会为主，民办非企业单位很难获得这一资格。

---

① 《2012～2013 年度 Y 区街道家庭综合服务中心末期评估工作情况通报》，广州市 Y 区民政局文件，[2013] 35 号。
② 广州市民政局：《广州市家庭综合服务中心统一评估工作正式启动》，广州市民政局官网，http://www.gzmz.gov.cn/gzsmzj/ywcsxx/201509/6e757139b65d42c5af91acfdb4b9e02e.shtml，2015 年 9 月。
③ 《关于进一步做好街道家庭综合服务中心建设工作的函》，广州市民政局文函，[2012] 263 号。

在广州的政府购买街道家庭综合服务项目中，承接运营的民办社工机构平均承担约6%左右的税费，跨年度的人员工资和服务经费被认定为机构盈利，还须缴纳25%的营业税，导致承接机构税费负担较重，削弱其开展服务的能力。一些民办社工机构因为无法为企业提供免税发票，失去了很多获得捐赠及与企业合作的机会。

四、启示与建议

（一）促进社会组织成长壮大是政府与社会组织良性合作的基础

我国推进社会组织承接政府购买面临的不仅是程序设计问题，还包括发展观念问题、基础社会环境问题、配套制度建设问题。推进社会组织承接政府购买需要有一大批发展成熟的社会组织，一大批富有公益精神、掌握专业技能的社会组织人才，需要有整个社会对社会组织及从业者的认知和认可，需要有社会组织依法建立和开展活动的制度空间，需要有政府的规划、统筹和相应的资金投入等。而目前这些基础条件在我国的欠缺都较大。

为此，党和政府对社会组织发展的重视程度应上升到新的高度。首先，应从法律上给社会组织松绑。在完善依法监管体系的前提下，切实降低社会组织登记成立的门槛，给予社会组织参与国家治理、释放正能量的充分空间。其次，应加强对社会组织发展的财政、税收、人才培养、孵化等方面支持，推进向社会组织的政府职能转移，加强对社会组织的社会宣传，促进社会组织繁荣发展。

（二）推进社会组织承接政府购买公共服务应坚持"干中学"

推进社会组织承接政府购买公共服务没有现成的模式可以照搬，应坚持"干中学"（Learning By Doing）的原则，大胆探索和试验，在实践中摸索、总结、纠错和优化，逐步发展出一套行之有效的制度和机制。在社会组织承接政府购买公共服务的程序方面，如招投标机制的完善、评估方法和指标体系的改进、绩效管理水平的提升等，都需要在实践中不断总结经验。

从社会组织自身来看，我国社会组织发展的历史还较短，大量社会组织都处于起步成长阶段，存在诸多不完善，承接政府购买的能力不强，需要政府、公众等各方面给予足够的理解和耐心，让其在实践的磨炼中逐步成长壮大。

同时，政府、基层自治组织、公众、企业等多元主体也需要时间深入认识社会组织这一相对陌生的社会事物，需要时间学会与社会组织打交道，甚至合作参与公共服务和社会管理活动。

（三）完善相关法律和制度是推进社会组织承接政府购买的关键抓手

一是应修订《政府采购法》，将公共服务纳入采购范围；出台专门的政府向社会力量购买服务法律法规，对政府购买服务的主体、内容、程序、资金管理等作出统一的指导性规定。

二是应健全推进社会组织承接政府购买的财税政策。将政府向社会组织购买服务资金纳入各级财政预算，保证资金投入的稳定性和规范化。落实社会组织税收优惠政策，简化享受税收减免的程序，扩大税收优惠的范围。

三是各地应加强对政府向社会组织购买服务的规划和统筹，明确相关目标；编制政府向社会组织转移职能目录、政府向社会组织购买服务目录、具备资质条件承接政府转移职能和购买服务的社会组织目录。

四是应完善社会组织承接政府购买的招投标机制。增强招投标过程的透明性和公开性。搭建规范的公共服务项目招投标平台，提升招投标工作的专业性。对往年服务项目被评估为优良的机构可采用邀标或议标等简化程序开展招投标。

五是应完善社会组织承接政府购买的评估监督机制。将独立的第三方评估确立为一般原则。根据不同服务项目科学设置评估指标，提升服务对象满意度的权重。将评估结果与对社会组织的激励措施紧密结合起来，充分发挥评估的导向性功能。

（四）城乡基层社会服务应成为社会组织承接政府购买的重要领域

在经济社会高速发展过程中，城乡居民社会服务需求不断上升，并体现出日益多元化、个性化的特征。社会组织生产公共服务具有专业化、精细化的优势，能很好地贴合居民的具体需求。在社会组织承接政府购买方面，城乡基层社会服务应成为目前重点加以提升和拓展的领域。

在城市基层社会服务方面，应进一步推广政府向社会组织购买服务的模式，提升社会组织在养老服务、青少年服务、特殊人群服务等方面的专业性和服务水平，将进城农民工、特超大城市"蚁族"等群体更好地纳入服务范围。

在农村基层社会服务方面，目前社会组织承接政府购买的工作进展总体滞后于城市。政府应加大购买农村基层社会服务的力度，引导和鼓励社会组织进入农村开展服务活动，满足农村留守儿童、老人、妇女和残疾人、精神病人、吸毒人员等重点人群的服务需求。

（五）加强社会组织人才队伍建设是促进社会组织发展的突破口

人是最活跃、最具决定性的生产要素。目前人才短缺是制约社会组织承接政府购买的能力和运营水平的重要瓶颈。为此，应将社会组织人才队伍建设作为促进社会组织成长壮大的突破口。

一是应完善社会组织从业人员的待遇保障、职业资格评定、晋升流动、继续教育等机制，吸引社会工作、社会保障、心理学、社会学等相关专业人才进入社会组织领域就业，打造一支较为稳定的、专业化的社会组织从业人员队伍。

二是应完善社会组织从业人员的在职培训体系。突出培训内容的实践性，加强对在职人员的专业技能、项目设计、资源募集等方面培训，完善培训认证。

三是应在高校开设社会组织管理专业，逐步建立起社会组织管理专业专科、本科、硕士、博士等不同层次的人才培养体系，为社会组织输送领导管理人才。

第十三篇
藏区治理的政策实践及效果*

——以四川甘孜藏族自治州为例

内容摘要：四川甘孜州的情况表明，党和国家实施的一系列藏区治理政策促进了藏区经济社会快速发展。但藏区仍然没有改变相对落后的面貌，人才短缺问题突出，基本公共服务水平与民生需求间的差距较大，自我发展能力和意识有待增强。应提升藏区治理政策的系统性、整体性、协同性、针对性和战略性。

党和国家历来高度重视对藏区①的治理。习近平总书记提出："治国必治边，治边先稳藏。"这表明了藏区治理在整个国家治理中的重要战略地位。党的十八大以后，党中央提出西藏工作必须坚持依法治藏、富民兴藏、长期建藏、凝聚人心、夯实基础的重要原则。中央第六次西藏工作座谈会强调，必须把改善民生、凝聚人心作为西藏经济社会发展的出发点和落脚点；并对四川、云南、甘肃、青海省藏区发展稳定工作作出全面部署。这表明中央将四省藏区和西藏通盘考虑，统一纳入国家对藏区的治理体系之中。为进一步提升国家治理藏区的能力和水平，就有必要回答：现阶段藏区治理政策的实施情况及效果如何？还存在什么问题？应如何改善国家对藏区的治理？下文将以甘孜州情况为例，分析藏区治理的政策实践

---

* 执笔人：胡杰成。
① 包括西藏自治区和四川、云南、甘肃、青海四省藏区。

及效果。

一、调查方法与案例情况

2014年8月中下旬，本课题组一行5人赴四川省甘孜藏族自治州，开展了持续一周的实地调研。调研内容包括当地援藏政策落实情况、城乡基本公共服务发展情况、贫困与扶贫工作情况、社会稳定与社会治理情况等。为了使调研较为深入，课题组重点从州、县两个层面着手，除了全州层面的调研，还对甘孜县和雅江县作县级层面的典型调研。课题组与州、县政府相关部门进行座谈，与乡、村基层干部交流探讨，参观考察部分企事业单位、援藏项目等，深入一些普通农牧民家中了解他们的生产生活状况。

甘孜藏族自治州地处四川西部，青藏高原东南缘，平均海拔3 500米以上。总面积15.3万平方公里，接近山东省的面积；辖康定、泸定、丹巴、九龙、雅江、道孚、甘孜、石渠等18个县。甘孜州是新中国成立后的第一个专区级民族自治州，有藏、汉、彝、回、羌等20多个民族，2013年末常住人口113.78万，其中藏族占80.4%[①]。州内矿产和生态能源资源丰富，是长江上游重要水源涵养地和生态屏障。受历史、地理、自然等因素制约，甘孜州是全国典型的集中连片特困地区。甘孜县位于甘孜州西北部，面积7 303平方公里，辖22个乡镇，2013年末常住人口6.95万，藏族人口也占95%以上，属国家级贫困县。雅江县地处甘孜州东南部，面积7 854.5平方公里，辖17个乡镇。2013年末常住人口5.03万，其中藏族人口占95%以上，农牧业人口占86.7%。

二、外部援助与自我发展：跨越式发展的动力协调

从甘孜州的总体情况来看，在全国长期的大力援助之下，当地经济社

---

① 文中数据如无专门注明，均来自甘孜州、县政府提供的相关材料。

会发展成就显著，但仍然没有改变相对落后的状态，自我发展能力较弱，实现与全国同步建成小康任务艰巨。

（一）有力的援藏政策推动了甘孜藏区经济社会快速发展

以甘孜县为例，2013 年，该县全年财政收入 4 020 万元，财政支出 108 425 万元，财政自给率不足 4%。近些年来，国家藏区专项资金项目和对口援藏政策给予了该县前所未有的支持。2011～2014 年，甘孜县共实施藏区专项投资项目 35 个，总投资 48 689 万元，截至 2014 年 7 月底资金到位 32 362 万元，占总投资的 66.5%；其中中央预算内投资 26 358 万元，占总投资的 54.1%，省配套 1 796 万元，占总投资的 3.7%，州配套 855 万元，占总投资的 1.8%，县配套 3 353 万元，占总投资的 6.9%。

在对口援藏方面，2012～2014 年，成都市龙泉驿区共援助甘孜县项目 109 个，项目资金 12 310.275 万元；邛崃市扶持 2 个项目，援助资金（物资）710 余万元；浙江帮扶资金共到位 1 000 万元。对口援助项目涉及基础设施建设、产业发展、教育、卫生、社会救助等领域，相对国家投资项目而言更加灵活，填补了国家投资项目无法涉及的一些领域，对解决当地实际问题起到了很大作用。

受益于资金、项目等方面援藏政策，近年来甘孜县经济社会持续较快发展。2013 年全县地区生产总值 71 326 万元，是"十一五"末的 1.62 倍；地方财政一般预算收入 4 020 万元，是"十一五"末的 2.44 倍；城镇居民人均可支配收入 22 931 元、农牧民人均现金收入 5 161.84 元，分别是"十一五"末的 1.44 倍和 2 倍。基础设施建设加快，县内公路通车里程达 2 051.43 公里；完全无电村由"十一五"末的 57 个、4 152 户、19 796 人，减少为 4 个、48 户、204 人。教育、医疗卫生、文化、科技等社会事业全面进步。

（二）受制于自然环境恶劣、经济基础差、开发程度低、自我发展能力弱等原因，甘孜藏区经济社会发展依然相对落后

落后依然是甘孜州的基本州情。虽然至调研时全州 GDP 连续 10 年保持两位数增长,但 2013 年 GDP 总量仅 201.22 亿元,在四川省各市(州)中居末位;人均 GDP 为 17 932.26 元,在各市(州)中列倒数第二,仅为全省平均水平的 55%;地方公共财政收入尽管突破 20 亿元,但不足全省的 1%,在各市(州)中列倒数第二;农牧民人均纯收入仅 5 435 元,不到全省平均水平的 70%。

在基础设施方面,2014 年 8 月调研时,甘孜州仍然是四川省唯一不通高速公路的地区。在全州 2 785 个行政村中,还有 492 个村不通公路、2 563 个村已通达未通畅。全州还有 12.5 万人未解决安全饮水问题。601 个村、25 万农牧民未用上电;连接骨干电网的农村电网和县城电网设备老化严重、量弱质差。农田水利设施落后、抗灾能力差。城市道路及桥梁投入不足,供水、排水管网不完善。

强力援助之下依然落后的原因是多方面的。从自然地理条件看,当地生存和发展环境恶劣,全州平均海拔 3 500 米以上,许多地方山高坡度、地形复杂、地质条件差、地质灾害多。2 个县城所在地海拔超过 4 000 米,9 个县城位于高山峡谷之间。从经济基础看,1978 年全州人均 GDP 仅 429 元,只达到同期阿坝州——四川另一个藏族羌族自治州 82% 的水平;至 2001 年全州贫困发生率仍高达 62.9%。从资源情况看,州内资源丰富但开发利用水平低,水能资源富集,开发利用率仅 11%;矿产开发利用粗放;自然风光秀丽、文化底蕴深厚,但旅游资源开发程度低、创造效益差,旅游业增加值不到全省的 2%。从自我发展能力看,甘孜州市场经济发展还处于起步阶段,市场主体总量不足、实力弱,企业规模偏小。2013 年全州仅有企业 1 053 家,平均每万人拥有 9.3 家,而同期四川省每万人拥有企业数为 79.5 家。财政自给率低,2013 年为 8.1%。

(三)人才和干部援助为藏区发展提供了重要人力资本,但甘孜藏区依然存在人才引不进、留不住和较大的人才短缺问题

2010~2014 年,中央机关、四川省和内地市(区、县)共选派 3 202 名援藏干部人才到甘孜州工作。四川省先后实施了"千名干部人才援助藏区行动""民族地区教育十年行动计划""千名卫生干部援助民族地区行动"等援助计划。援藏人才和干部充分发挥懂经济、善管理、业务强和综合素质高的优势,在当地制定发展规划、引资金上项目、提升公共服务水平、维护社会稳定,以及对当地干部的"传帮带"等方面发挥了积极作用。

然而,人才和干部援助并没有彻底改变藏区人才短缺的状况。调研了解到,甘孜州高层次、高技能、管理型和复合型人才紧缺,院士和省级学术技术带头人数量为0,在职专家中享受国务院特殊津贴人员和四川省优秀专家仅7人。同时,基层技术人员严重短缺,20%的乡镇卫生院只有1名医务人员,部分乡镇甚至找不到1名会打预防针的兽医。从领域来看,医生、教师短缺问题较突出。高层次医疗人才和影像、检验、药剂、五官等专业人才短缺,已经成为阻碍当地医疗卫生事业发展的最关键问题。

由于工作生活条件艰苦、教育医疗等公共服务条件差、工资待遇低等原因,藏区本身对外来人才缺乏内在吸引力,对于那些通过特殊的招考、选聘等政策引入的人才,也根本无法留住"人心"。据调研时掌握的数据,甘孜州近5年来仅公务员就流失567名。州、县政府的许多干部都将子女安排在成都或其他地市上中小学,甚至在州外购买住房,原因就在于认为甘孜州教育、医疗等公共服务水平低,生活条件差。一些在外地大中专院校毕业的当地人也不愿回来工作。

（四）一些地方表现出一定的依赖思想,自我发展能力和意识有待增强

尽管2004～2013年甘孜州基本保持着每年两位数的经济增长,但其财政自给率始终维持在很低的水平,处于6%至15%之间（见图13-1）。2008年甘孜州财政自给率达到14.9%,随后逐年下滑,2011年为12.0%,2013年降至8.1%。其背景是2008年国务院发布《关于支持青海等省藏区经济社会发展的若干意见》,进一步加大了对青海、四川、甘肃和云南四省藏区的支持力度。

州、县两级财政拮据直接导致在大量的政府投资项目中,州、县缺乏资金配套能力,从而影响项目实施和建设。根据国家投资政策,中央财政对省道、出州通道公路项目按等级、里程实行定额补助,其余资金由地方配套;水利工程、社会事业、基层政权项目由地方配套20%;市政基础设

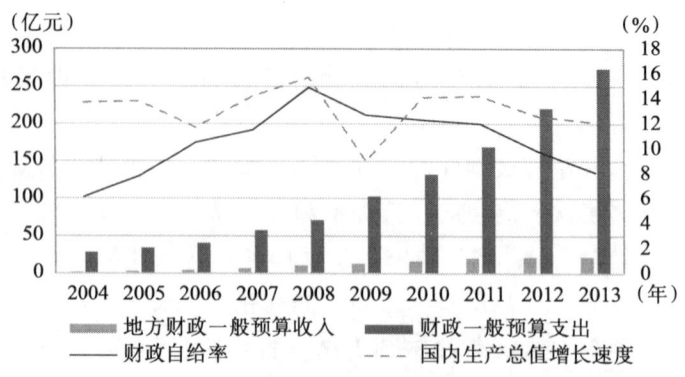

图 13-1　甘孜州 2004~2013 年财政自给率和经济增速

数据来源：《甘孜统计年鉴 2013》；《甘孜州 2013 年国民经济和社会发展统计公报》。

施项目由地方配套 60% 等。虽然四川省级财政给予了大力支持，但甘孜州、县两级财政仍无力完成配套。以雅江县为例，该县 2013 年地方公共财政收入 1.31 亿元，在甘孜州 18 个县中位列前五，每年在保运转、保民生、保稳定方面的刚性支出就达 90% 以上，难以承担一些中央投资项目要求县级财政配套的资金，由此导致了许多"断头路"的出现，即道路没有修完便因缺乏资金而停工。

与长期财政依赖相伴而生的是一些地方干部的依赖思想。在调研过程中，当地干部对课题组谈论最多的话题便是"希望国家在某某方面加大资金支持力度"。藏区发展存在的种种现实困难无可否认，但长期的援助依赖难以避免地造成了一些地方向国家"要"的思维和行为惯性，而少了一些谋求"自我发展"的积极性和主动性，这并不利于藏区的长远发展和繁荣。

三、民生需求与政策供给：改善民生的政策实践

随着国家援藏力度逐步加大，甘孜藏区人民物质文化生活显著改善。但由于当地发展基础差、社会生产力仍然落后等原因，当地教育、医疗、社会保障等公共服务与各族人民的民生需求间仍有较大差距。

（一）随着国家援藏政策资金更多向基层和民生领域倾斜，甘孜藏区人民得到越来越多的发展实惠，物质文化生活显著改善

在教育方面，自2009年起，甘孜州开始受益于四川省实施的藏区"9+3"免费教育计划。这一计划组织藏区初中毕业和未升学的高中毕业生到内地免费接受3年职业教育。五年来，"9+3"计划在甘孜州共招录学生14 285名，其中6 199名学生已毕业。在政府就业政策的支持下，这批学生初次就业率达98%。

在医疗卫生方面，调研时掌握的数据显示，甘孜州城乡居民基本医疗保险参保率达到99.13%，在四川省率先启动城乡居民大病保险试点，覆盖率达到80%；全面加快州、县、乡、村四级医疗卫生基础设施建设，完成项目2 200多个，四级医疗服务体系框架基本形成；加大了对包虫病、艾滋病等重大传染疾病的防控力度。

在居住方面，四川省自2009年起开始实施藏区"牧民定居行动计划"，甘孜州共建成牧民定居点620个、定居房58 069户、定居点村民活动中心519个，26万牧民群众告别了牛毛帐篷或简易房，住进了定居新房。

在社会保障方面，越来越多的群众被纳入社会保障"安全网"。2013年甘孜州新型农村和城乡居民养老保险覆盖率达64%，城乡低保覆盖28.33万人。

在反贫困方面，通过2001~2010年十年扶贫攻坚，全州贫困发生率从62.9%下降到41.1%。2011~2013年，国家投入甘孜州财政扶贫资金4.5亿元，通过实施连片开发项目、产业化扶贫项目和整村推进扶贫等，使18万多贫困人口生产生活条件得到改善。

（二）由于社会生产力仍然落后，加上群众需求水平上升，甘孜藏区基本公共服务水平与各族人民的民生需求仍有较大差距

长期以来，藏区社会的主要矛盾是人民群众日益增长的物质文化需求同落后的社会生产力之间的矛盾。随着藏区交通基础设施逐步完善、现代

信息手段不断普及,与外界的人员、资金、信息等交流日益频繁和深入,藏区各族人民对教育、医疗卫生、社会保障等方面的民生需求不断上升,这对藏区各项基本公共服务的提高提出了进一步的要求。

调研了解到,在甘孜州,全州学前三年幼儿入园率仅40.11%,还有123个乡无幼儿园。义务教育处于低层次低水平办学状态,部分初中办学规模严重不足,寄宿制学校生活配套设施紧缺。现有普通高中办学条件仅能容纳1万名在校学生,而按人口规模和高中阶段普职比测算,全州普通高中在校学生应达2万人左右,高中阶段(含州内外的中职学生)毛入学率仅61%。

由于公共卫生服务体系不完善,包虫病、艾滋病、结核病、乙肝等重大传染病和大骨节病等地方病依然严重威胁甘孜群众的身体健康。甘孜州是全国包虫病重灾区,其中石渠县、色达县是全世界包虫病发病率最高的地区。近几年甘孜州共筛查出包虫病患者13 372人,470多人因病死亡。当地应对突发公共卫生事件的能力很弱,甘孜县等一些县尚未建立120急救指挥中心。

在社会保障方面,甘孜州农村最低生活保障标准仅为65元/人月,城乡居民养老保险基础养老金只有60元,由于甘孜州地处偏远、物价水平偏高,现有保障水平与城乡居民的实际需求差距较大。

甘孜州是全国典型的集中连片特困地区,辖区内甘孜县、德格县、石渠县、色达县、理塘县都属于国家级贫困县。截至2014年6月,全州农牧民纯收入低于2 736元(2010年2 300元不变价)的贫困人口仍有20.94万人,占农村人口的22.28%;有1 360个行政村为贫困村,占全州总村数的49.67%。

(三)现代社会的民生政策面临与藏族传统宗教文化、生活方式更好契合的问题

在现代工业社会中,政府的民生政策与公共服务体系隐含着一些基本的价值前提,如工具理性、城市生活方式与思维方式等,在藏族同胞世代聚居、文化绵延的藏区,这套体系必然面临与藏族传统宗教文化背后的价值理性、农牧生活方式的冲突与磨合。

牦牛是主产于我国青藏高原的特有牛种,具有巨大的经济价值。目前一头出栏牦牛市价高达上万元。在贫困落后的藏区,发展牦牛经济是帮助藏民脱贫致富的重要途径。藏民家中一般都饲养有几头至几十头,甚至上百头牦牛。然而,不杀生是藏传佛教的基本理念,藏族同胞几乎全民信仰藏传佛教。课题组在甘孜州调研时了解到,在一些藏传佛教信仰强烈的地区,农牧民将饲养的牦牛作为家庭成员对待,不杀牦牛、不买卖牦牛的风气盛行,任其自然生长、自然死亡。牦牛屠宰场在当地面临较强的宗教信仰压力。从中我们可以发现发展经济、脱贫致富与民族宗教信仰之间的张力。

四、小结与政策意涵

总的来看,围绕现阶段国家治理藏区的核心目标,即改善民生、凝聚人心,党和国家实施了一系列治理政策,如举全国之力的资金、项目和人才干部援藏,针对或惠及藏区的大量民生政策等。这些政策产生了明显的治理效果,藏区经济社会快速发展、民生显著改善、社会局势总体安定;但藏区仍然没有改变相对落后的面貌、自我发展能力和意识有待增强,基本公共服务与民生需求间的差距较大。为提升国家治理藏区的能力和水平,应优化治理方式和途径:

第一,提升藏区治理政策的系统性、整体性、协同性、针对性和战略性。在系统性方面,充分发挥党中央、国务院在藏区治理中总揽全局的作用,统筹兼顾经济、政治、社会、文化、生态等多重治理目标。在整体性方面,将藏区治理纳入推进国家治理现代化的体系之中,服务于实现社会主义现代化和中华民族伟大复兴中国梦的整体目标;纳入依法治国的体系之中,实行依法治藏。在协同性方面,协同发挥中央关心、全国援助与藏区自我发展能力的作用,协同发挥政府与市场在资源配置及跨越式发展中的作用,协同发挥政府、企业、社会组织、宗教主体、基层农牧民等各方面的积极性,协同发挥各级政府及各个部门、各个对口援助单位的作用。在针对性方面,更好地处理国家统一性与民族区域自治性、特殊性的关系，更加注重考虑藏区历史文化、自然环境、资源禀赋、发展阶段等方面的特殊性，使各项治理政策更加符合藏区实际与特点。在战略性方面，更加着眼长远来思考藏区的跨越式发展和长治久安问题，更加注重藏区教育发展、文化沟通、民族融合，增强对伟大祖国和中华民族的认同。

第二，大力发展藏区特色优势产业、加强基础设施建设、完善资源开发利益共享机制，增强藏区自我发展能力。加快发展现代农牧业，推动集约化发展；走新型工业化道路，壮大水能、太阳能、风能等生态能源产业，提高矿业开发水平，提升资源综合利用效率；推进旅游与文化、生态相结合，做大做强做精旅游业；积极发展民族手工业。加强藏区交通、水利、电力等基础设施建设，提高乡村公路通达通畅水平、改造升级农村电网和城镇电网，解决居民交通、用电"最后一公里"的问题，彻底解决农牧民饮水安全问题。完善水电等资源开发利益共享的体制机制，充分考虑地方和群众的利益。

第三，以就业、教育、医疗卫生和扶贫开发为重点，进一步改善藏区民生。以产业发展和项目投资带动农村转移劳动力就业；完善就业服务，紧密结合地区发展需要，加强对农牧民、失业人员等的职业技能培训。加大对藏区基础教育和职业教育的资金投入，大幅提高学前教育入学率，改善初中和高中的办学条件和水平，实行免费中等职业教育，加强双语寄宿制学校建设。加大对藏区公共卫生服务体系建设的资金投入，增强包虫病等重大疾病防治和公共卫生应急保障能力；探索实施订单定向培养藏区卫生人才计划。积极推进藏区产业扶贫、易地搬迁扶贫、教育扶贫；把整体推进与精准到户结合起来，提高扶贫效能。

第四，以加强各民族交流交融、青少年思想教育为战略手段，促进藏区长治久安。将加强对藏文化的宣传、研究和开发纳入国家长期文化战略，增强中华民族大家庭对藏文化的理解，减少民族间的文化误解。以爱我中华、各民族手足相亲为主要内容，强化对青少年的思想教育。通过多种形式加强各族青少年之间的交往交流，从小培养各族青少年的中华民族认同感。进一步密切党和政府与藏族代表性人士和知识分子的联系，增强彼此信任，让藏族代表性人士和知识分子成为促进民族团结和融合的桥梁。进一步加强对藏区僧尼的宣传教育，引导广大僧尼爱国爱教。充分发挥现代信息沟通手段在促进民族交流交融中的作用。

参考文献

1. 四川省甘孜藏族自治州人民政府：《甘孜州经济社会发展情况》，2014 年 8 月。

2. 中共甘孜县委、甘孜县人民政府：《甘孜县经济社会发展情况》，2014 年 8 月。

3. 中共雅江县委、雅江县人民政府：《雅江县经济社会发展情况》，2014 年 8 月。